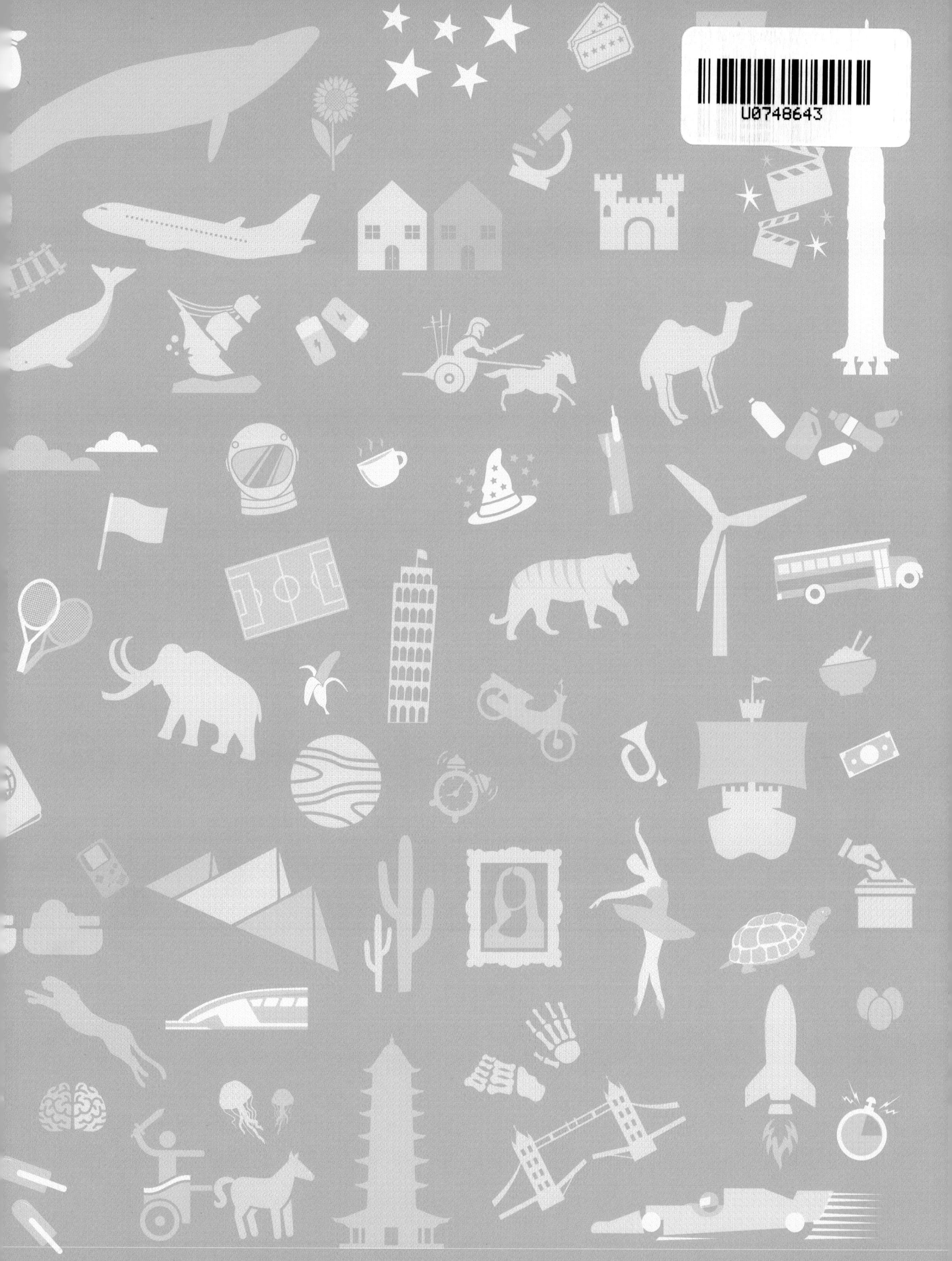

DK数字看世界

10 582千米²

5月27日

348米

200倍

96袋

60分钟

50吨

24平方米

100千克

2900千米

14亿

60米

33°C

1995

5英镑

DK数字看世界

英国 DK 公司／著　鞠思婷 高腾／译

電子工業出版社·
Publishing House of Electronics Industry
北京·BEIJING

DK | Penguin Random House

Original Title: Our World in Numbers: An Encyclopedia of Fantastic Facts
Copyright © Dorling Kindersley Limited, 2022
A Penguin Random House Company

本书中文简体版专有出版权由Dorling Kindersley Limited授予电子工业出版社，未经许可，不得以任何方式复制或抄袭本书的任何部分。

版权贸易合同登记号　图字：01-2023-2632

图书在版编目（CIP）数据

DK数字看世界 / 英国DK公司著；鞠思婷，高腾译. --北京：电子工业出版社，2025.1
ISBN 978-7-121-47404-0

Ⅰ. ①D⋯　Ⅱ. ①英⋯ ②鞠⋯ ③高⋯　Ⅲ. ①科学知识－少儿读物　Ⅳ. ①Z228.1

中国国家版本馆CIP数据核字（2024）第048978号

审图号：GS京（2024）1199号
本书插图系原文原图。

责任编辑：张莉莉
印　　刷：惠州市金宣发智能包装科技有限公司
装　　订：惠州市金宣发智能包装科技有限公司
出版发行：电子工业出版社
　　　　　北京市海淀区万寿路173信箱　　邮编：100036
开　　本：889×1194　1/24　印张：11.75　字数：304.8千字
版　　次：2025年1月第1版
印　　次：2025年1月第1次印刷
定　　价：168.00元

　　凡所购买电子工业出版社图书有缺损问题，请向购买书店调换。若书店售缺，请与本社发行部联系，联系及邮购电话：（010）88254888，88258888。
　　质量投诉请发邮件至zlts@phei.com.cn，盗版侵权举报请发邮件至dbqq@phei.com.cn。
　　本书咨询联系方式：（010）88254161转1835，zhanglili@phei.com.cn。

FSC
混合产品
纸张 |
支持负责任林业
www.fsc.org　FSC® C018179

www.dk.com

目　录

自然

人文

历史

科技

如无特别说明，本书的数据截止到2022年。

数字构成的世界

无法想象如果没有数字我们的生活将是什么样子。几千年前人类发明了第一个计数系统，时至今日，我们使用许多不同类型的数字来帮助我们理解周围的世界。在这本书中，你会发现数千个惊人的数字，这些事实可以回答类似以下问题的诸多问题。

罗马帝国是**多久**以前建成的?

我们使用时间来衡量历史，以及记录一天中的秒、分钟和小时，还有一年中的天和月。没有时间，我们将无法计算年龄，也无法按时上学。

天上有**多少**颗星星?

通过数数，我们几乎可以统计所有东西的数量。从人到宠物，再到星星和海洋生物。数数还能帮助我们思考真正的大数字和它的概念。

猎豹跑得有多**快**?

速度可以表示从一个点移动到另一个点所需时间的快慢。有些东西移动得非常快，例如猎豹和赛车。而有些东西移动得很慢，例如冰川和蜗牛。

美国大峡谷有多**宽**?

厘米和米等短距离的测量单位告诉我们物体有多宽或多长,而千米等长距离的测量告诉我们从一个国家到另一个国家需要走多远。

制作一部电影需要花**多少**钱?

从爆米花和电影票的价格到制作一部大片所需的预算,用于计算金钱的数字可以体现事物的价值。

世界上有多少**比例**的人口说中文?

当我们使用百分比时,我们描述的是整体中的一部分。它可以帮助我们了解诸如全世界人口中有多少人会说某一种语言之类的事情。

您好

哈利法塔有多**高**?

从最高的摩天大楼到最高的山峰,测量可以告诉我们物体的高度。通过每年测量、记录身高,你可以感受到时间的流逝。

太空

神秘的宇宙

从最微小的原子到最为广阔的星系，一切物质都存在于宇宙之中。宇宙起源于一场100多亿年前的大爆炸。宇宙十分广阔，即使是速度最快的光线，也需要100多亿年的时间才能穿越它。

宇宙有接近**138亿年**的历史。

宇宙大爆炸发生**1秒**之后的温度大约是**100亿摄氏度。**

在宇宙大爆炸发生**38万年**之后才出现了**第一颗原子。**

恒星诞生于一团尘埃和气体之中，这团尘埃和气体被称作**星云**。
引力把众多恒星联系到一起形成了**星系**。
IC 1101是已知最大的星系之一，包含大约**100万亿**颗恒星。

鹰状星云距离地球约7 000光年。

我们所在的**太阳系**形成于**宇宙大爆炸**发生的**90亿年**之后。

第一张黑洞的照片拍摄于**2019年**。

已知的星系中大约有**三分之二**是**螺旋形**的。

1光年是指光在真空中**1个地球年**的时间内所行进的距离，约等于**9.5万亿千米**。

1年是地球绕太阳**1圈**所用的时间。地球的1年是**365.26天**。系外行星上已知**最短**的1年是**28分钟**。

对我们来说，**只有5%**的宇宙是可见的。剩下的**95%**由看不见的**暗物质**和神秘的**暗能量**组成。

系外行星是指存在于我们**太阳系之外**的行星。截至2023年6月，美国国家航空航天局确认的系外行星总数为**5 438颗**。

太阳系距离**银河系**的中心约**25 800光年**。

仙女星系是除银河系外为人所知的**第一个星系**，由美国天文学家**埃德温·哈勃**在**1924年**证实。

Segue2是目前观测到的**最小**的**星系**之一，只有大约**1000颗恒星**。

仙女星系和银河系预计将在**45亿年**后发生**碰撞**。

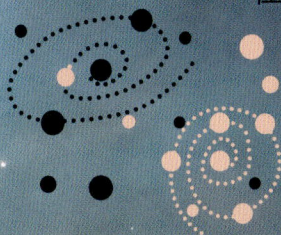

璀璨的恒星

恒星是由燃烧的炽热气体通过引力凝聚在一起所构成的巨大球体，在数十亿年的时间跨度里诞生和成长。最终恒星发生超新星爆炸而消亡，然后坍缩形成密度极高的中子星。太阳是银河系中的一颗恒星。

太阳的质量占**太阳系**总质量的**99.8%**。

太阳已经诞生了**46亿年**，大约走过了其生命周期的**一半**。

太阳光从产生到抵达地球只需要**8分钟**。

国际天文学联合会共认定了**88个**星座。

有**36个**星座以**动物**为主题，包括狮子、熊、蝎子和**4只狗**（大犬座、小犬座及猎户座的2只狗）。

位于**大犬座**的天狼星是夜空中最亮的恒星，它的表面温度为**9670℃**。

最古老的恒星大约有**120亿年**的历史。

在2011年发现鹿豹座**超新星**的加拿大人凯瑟琳·奥罗拉·格雷当时只有**10岁**。

在**晴朗的夜晚**，人们用肉眼可以在地球上观测到**2 500~5 000**颗恒星。

太阳可以装下

1 300 000个地球。

1054年，一颗距离地球

6 500光年的**超新星**发生**爆炸**，其亮度可以在**白天**观察到，并持续了**23天**。

一汤勺的中子星重达

9000万吨，
相当于**150座**
古埃及金字塔的质量。

比邻星是离地球第二近的恒星，距离地球有

4.24光年。乘坐**喷气式客机**需要

480万年
才能到达。

银河系由1000亿~4000亿颗恒星组成。

褐矮星WISE 1828+2650是目前已知**最冷的恒星**，表面温度仅为

52℃，
略高于
一杯茶的温度。

太阳需要至少

2.2亿年
才能绕银河系轨道
一周。

组成**太阳**的原子中有

91%
是**氢**。它也是所有化学元素中最轻的元素。

太阳核心的温度估算约为

15 000 000℃。

已知转动**最快的脉冲星**（旋转的中子星）PSR J1748−2446AD每秒

旋转 # 716次。

宇宙中估计有

10^{23}颗恒星。

地球的卫星——月球

月球是我们在太空中最近的邻居，它依靠反射太阳光在夜空中发光。碎石、环形山和布满灰尘的平原是月球上荒凉而美丽的标志性景色。

月球距离地球约 **384 400千米**，到达那里只需要 **60多个小时**。

阿波罗14号的航天员**艾伦·谢泼德**在月球上打了**两杆**高尔夫球。

南极–艾特肯盆地是目前已知月球上最大和最古老的陨击坑，它的**直径**足足有**2 500**千米。

月球**绕地球**公转和它自转的周期都是**27.32天**。

1969年，阿波罗11号的航天员**尼尔·阿姆斯特朗**和**巴兹·奥尔德林**成为第一位和第二位踏上月球的人类。

在**6次**阿波罗任务（1969—1972年）中，共有**12人**在**月球**上进行了行走，

日全食是月球完全挡住太阳时发生的现象。日全食的时间最长可达**7.5分钟**。

月球表面的**温度范**围为**-173℃**到**127℃**。

地球能容纳大约**49个月球**。

月球上直径超过**20千米**的陨击坑有**5 185个**。

天文学家认为，月球是由大约**45亿年前**地球与一颗火星大小的行星**碰撞**后产生的碎片形成的。

月球引力只有地球引力的**17%**。

月球的直径为**3 475千米**，比美国本土东西之间宽度还短。

1959年，苏联的月球3号探测器首次**拍摄到**月球的**背面**，也就是始终背对着地球的那面。

并将**382千克**的**月球岩石**带回地球。

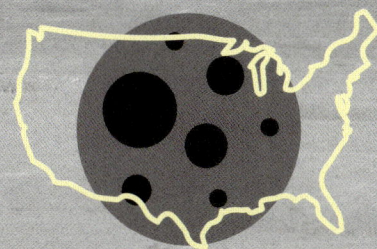

1973年，苏联的**月球车2号**在月球上漫游了**42千米**。

月球正在以每年**3.78厘米**的速度远离地球。

15

行星

地球并不是唯一一颗绕着太阳转的行星。绕着太阳转的还有另外7颗行星和5颗矮行星，以及许多卫星和小行星，这些天体共同构成了太阳系。

水手号峡谷群是火星上的一道峡谷系统，长约**4 000千米**，深约**8千米**。

海王星上的**风速**可以高达**2100千米/时**，是太阳系中**最快**的风速。

木星能装下约**1 300个地球**。其质量大约是太阳系其他行星质量总和的**两倍**。

土星有超过

80个卫星。

土星最大的卫星**泰坦**甚至比**水星**还要大。

1781年，天王星成为人类使用**望远镜**发现的**第一颗行星**。

水星上**一昼夜**的时间相当于**176个**地球日。

海王星到太阳的距离是地球到太阳距离的**30倍**。

火星上的**奥林匹斯山**高**25千米**，大约是**珠穆朗玛峰的3倍**。

玛阿特山直径为395千米，是金星上**1600多座火山**中**最大的火山**。

冥王星自1930年被发现后，**76年**来一直被认为是一颗行星，直到2006年才被重新归类为**矮行星**。

如果你在地球上的体重是**50千克**，那么你在**木星上的体重将是126.4千克**。

土星环大约宽**280 000千米**，厚度仅有**100米**。

水星富含铁元素的**核心**约占水星体积的**61%**。

超过**1 100 000个**小行星在**小行星带**中绕着太阳运转。

冥王星（pluto）的英文名字是1930年由**11岁的英国女学生**威妮夏·伯尼提出的。她收到了爷爷给的一张**5英镑纸币**作为奖励，相当于现今约3000元人民币。

17

探索太空

从月面行走到向太阳系外发射探测器，科学家们始终在推动着太空探索的发展。

首次载人航天飞行由俄罗斯航天员**尤里·加加林**于1961年完成，他的太空航行持续了**108分钟**。

穿上一件航天服需要**45分钟**，其中也包括穿上航天服里面可以让航天员**保持凉爽**的特殊服装的时间。

从**1981年**到**2011年**，美国国家航空航天局的**航天飞机项目**共运行了**30年**。

2003年，**中国**进行了**首次载人航天飞行**。从**1 500多名**候选者中脱颖而出的航天员**杨利伟**乘坐神舟五号绕地球飞行了**14圈**。

美国国家航空航天局用布局在3个**不同地点**的一系列**巨型无线电天线**组建了**深空网络**，可以跟踪距离地球**数十亿千米**的航天器。

盖亚空间天文台可以**观测**那些比肉眼可见亮度**暗淡400 000倍**的太空天体。

400 171千米是**阿波罗13号**任务中**3名**航天员从地球出发完成任务的距离。这也是人类进行的**最远**的太空探索。

新谢泼德号火箭在**2021年**进行了一次试飞，将**最年轻**的航天员（18岁）和**最年长**的航天员（90岁）送入太空。

1984年，**4名**航天员使用载人机动装置喷气背包飞离航天飞机**90米**并回收**2颗卫星**。

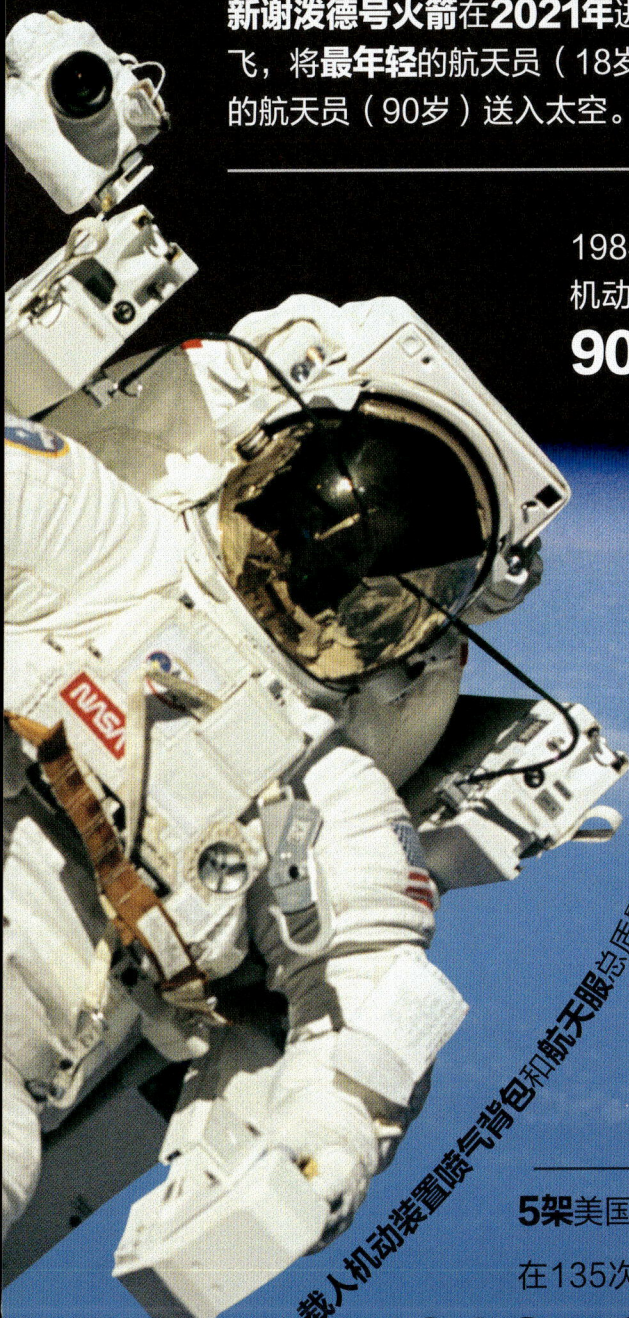

旅行者号探测器上携带的镀金唱片里存储了**55种语言**的语音问候和**115张地球照片**，人类希望它们能遇到地外生命。

在地球上，载人机动装置喷气背包和航天服总质量约**266千克**。

旅行者1号探测器于**1977年**发射升空。截至2023年6月，它距离地球超过**238亿千米**。

90千米是美国**3辆有人驾驶月球车**在月球上行驶的总距离。它们的最高时速为**18千米/时**。

5架美国国家航空航天局的航天飞机在135次任务中飞行的**总距离**是**826 700 000千米**。

俄罗斯航天员**阿纳托利·索洛维耶夫**进行了**16次太空行走**，总时长为**82小时22分钟**，创造了世界纪录。

美国航天员克里斯蒂娜·科赫**在太空中度过了328天**，保持着**女性**在太空飞行时间的最长纪录。

朱诺号探测器携带了**3个**铝制**乐高玩偶**到木星。

最高的10枚运载火箭

1 土星五号运载火箭（美国，110.6米）
活跃年份：1967—1973年

土星五号运载火箭不仅是最大的运载火箭，也是最重的运载火箭。土星五号运载火箭在充满燃料的情况下重2 800吨，比450头成年雄性非洲象还要重。

2 N-1运载火箭（苏联，105米）
活跃年份：1969—1972年

N-1运载火箭最初是为了将航天员送上月球而建造的，但从未成功发射。

3 战神I-X火箭（美国，94.2米）
活跃年份：2009年

战神I-X火箭是美国国家航空航天局的原型机，只发射过一次，完成了一次简短的试飞。

4 德尔塔IV型重型火箭（美国，72米）
活跃年份：2004年至今

德尔塔IV型重型火箭使用两个额外的火箭助推器将自己送入太空，能够将31吨重的负载送入地球轨道。

5 "重型猎鹰"运载火箭（美国，70米）
活跃年份：2018年至今

"重型猎鹰"运载火箭是目前最强大的火箭之一。它有27台发动机，可以产生2 268吨的推力。

6 猎鹰9号运载火箭（美国，70米）
活跃年份：2010年至今

猎鹰9号运载火箭是一种可回收式火箭，目的是以更低的成本将人或物品送入太空。

7 安加拉-A5运载火箭（俄罗斯，64米）
活跃年份：2014年至今

安加拉-A5运载火箭由俄罗斯政府委托制造，使用的燃料比其前身质子-M运载火箭的燃料毒性更小。

8 德尔塔IV型重型火箭（美国，62.5米）
活跃年份：2002年至今

与其他德尔塔火箭一样，德尔塔IV型重型火箭配备了目前最大的氢气燃料发动机。

9 长征七号甲运载火箭（中国，60.13米）
活跃年份：2020年至今

长征七号甲运载火箭是三级火箭，主要用于地球同步轨道卫星发射任务。

10 阿丽亚娜4型运载火箭（欧洲航天局，58.72米）
活跃年份：1990—2003年

阿丽亚娜4型运载火箭在其服役期间共成功发射了113次，将许多卫星送入太空。

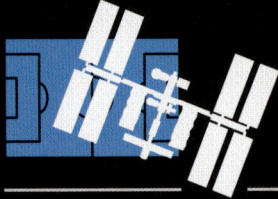

国际空间站宽**109米**，大约相当于一个足球场的长度。

国际空间站以**27 500千米/时**的速度绕地球运行，每天可绕地球**16圈**。

在太空中执行任务**5次**，累计停留了**879天**，航天员根纳季·帕达尔卡保持着在太空中**总停留时间最长**的纪录。

脊椎在没有重力的情况下会**舒展开**，所以航天员生活在太空中时可以**长高7.6厘米**。

美国人丹尼斯·蒂托是第一位**太空游客**。据报道，他在1991年为飞往国际空间站支付了**20 000 000美元**（当时约合1.06亿元人民币）。

美国航天员杰西卡·梅尔和克里斯蒂娜·科赫在2019年进行了**首次全女性航天员**的**太空行走**，并持续了**7小时17分钟**。

2007年，美国女性航天员苏尼塔·威廉姆斯在国际空间站里的太空跑步机上跑了**4小时24分钟**，成为第一个在**太空中跑马拉松**的人。

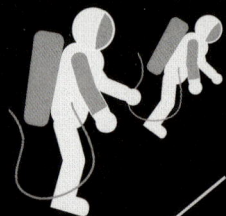

在**太空行走**期间，航天员穿着特制的**内衣**。这种内衣含有**91.5米**的薄塑胶管并可以通过泵水来调节航天员的体温。

国际空间站的穹顶舱有**7个窗户**，包括面向地球的**6个侧窗**和位于顶部的**1个天窗**。

1982年，礼炮7号空间站的航天员培育出了第一批在太空中开花并结果的植物。

1979年，美国空间站**太空实验室的碎片**坠落到了澳大利亚一个小镇，该镇向美国国家航空航天局开出了**400美元**的**罚单**（当时约合600元人民币），理由是乱扔垃圾。

全世界第一个空间站是苏联于1971年发射的**礼炮1号**。它在轨道上共运行了**175天**，飞行距离**1.186亿千米**。

太空生活

空间站是一个巨大的在轨航天器，可供航天员在太空中工作和生活。自20世纪70年代以来，美国、苏联（俄罗斯）和中国建造了许多空间站，但目前仅有国际空间站和中国空间站这两个空间站绕地球运行。

国际空间站最多可以同时停靠 **8个** 航天器。

截止2023年12月，**国际空间站**已经接待了来自 **21个国家的273名航天员**。

中国第一个空间站叫作"天宫一号"，长度为 **10.4米**，相当于一辆校车的长度。

23

地球

地球和太阳之间的平均距离为

149 598 262千米。

如果以**80千米/时**的速度行驶，这段距离需要花费至少**213年**的时间。

仅铁、氧、硅、镁这**4种元素**就构成了地球总质量的

90%。

地球大约在

45.4亿

年前形成。

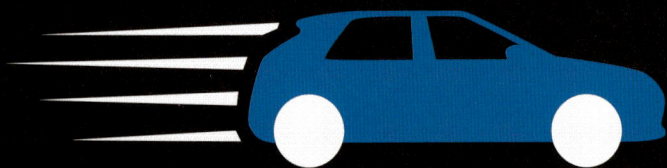

地球内核与**太阳表面**的温度大致相同，为**5 500℃**。

地球是一个两极略扁、赤道略鼓的扁球体。**赤道周长**为**40 075千米**，比**两极**的周长大约长**67千米**。

地球的质量是**火星**的**9倍**。

地球表面**31%**的土地被森林所覆盖。

地球是**太阳系中的第五大行星**，平均直径为**12 742千米**。

地幔厚度约为**2 900千米**，其质量占地球质量的三分之二。

我们的地球内部有**3个圈层**：地核、地幔和地壳。

水分子在**大气**中会存在

10天左右，然

后以雨、雪、露、雹等
形式回到地面。

大气中 **90%**
的水分来自地球表面**蒸
发**的水。

如果没有**大气层**的**保温**作用，
地球的平均温度将比现在低

33℃。

地球表面的岩石圈**分裂**成大小不一的**板块**，包括**7个主要板块**和许多小板块。

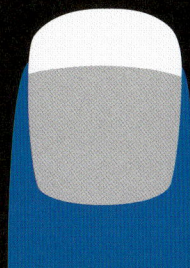

板块每年**移动**大约

2~7厘米，

相当于手指甲生长的速度。

蓝色星球

我们这个令人惊叹的星球从太空中看像一个旋转的蓝色玻璃球。生命之所以能在地球上繁衍生息，与地球的大小、到太阳的距离、表面的水以及富含氧气的、厚厚的大气层有关。

地球往一侧倾斜了**23.5度**，这使得北半球和南半球有**不同的季节**。

冰盖和冰川储存了地球上**68.7%**的淡水。

岩石分**3种类型**：岩浆岩、沉积岩和变质岩。

蓝色钻石的数量仅占所有钻石的**0.02%**。它们形成的深度至少为**660千米**，这个深度是普通钻石的**4倍**。

闪电熔岩是一种像玻璃管的岩石，它是最低温度为**1800℃**的**闪电**击中沙子或岩石时形成的。

美国死亡谷国家公园中有一种被称为**风帆石**的大型岩石，重达**300千克**，但却可以被风和冰移动**500米**。

由硅元素和**氧元素**构成的**硅酸盐**种类繁多，占目前所有已知**矿物**种类的**25%**，并且超过**90%**的地壳由硅酸盐组成。

悬挂在洞穴顶部的沉积物叫**钟乳石**，平均每**1 000年**生长**10厘米**。

地球表面大约**80%～90%**的岩石是**沉积岩**。

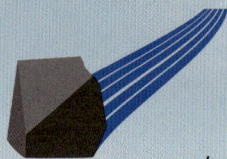

巨人之路是北爱尔兰一个拥有**5 000万～6 000万年**历史的堤道，包含大约**40 000根玄武岩柱**。

岩石和宝石

位于美国新墨西哥州的卡尔斯巴德洞窟是由石灰岩在**侵蚀作用**下形成的**120多个**洞穴构成的，其中**列楚基耶洞穴**的长度超过**223千米**。

岩石是组成地壳的物质之一，由3 000多种不同的矿物质构成。宝石是可以切割和抛光的矿物，因为美丽和稀有而受到人们的珍视。

钻石是在地下**140~190千米**的深处经由高温、高压作用形成的。

美国芒特艾里的花岗岩采石场占地约**240 000米^2**，相当于**66个足球场**的面积。

第一台**激光器**是在**1960年**用**红宝石**制成的。

每年有超过**1.6亿吨**的**铝土矿**被开采出来，然后经过加工成为铝。

阿塞拜疆一种名为**Gaval Dash**的石头长约**2米**，用较小的石头敲击它能发出像**手鼓**一样的声音。

每天只有**20人**被允许**参观**美国亚利桑那州的**波涛谷**。在2019年有超过**200 000人**提交了参观申请。

最高的10座山

珠穆朗玛峰（中国、尼泊尔，8848.86米）

首次登顶：1953年

珠穆朗玛峰位于喜马拉雅山脉，是地球的最高处。板块运动让它仍然以每年约5毫米的速度"成长"着。

1

2 乔戈里峰（K2峰）（中国、巴基斯坦，8 611米）
首次登顶：1954年
乔戈里峰所在的喀喇昆仑山脉是世界上高山最集中的地方。

3 干城章嘉峰（尼泊尔、印度，8 586米）
首次登顶：1955年
在1852年进行新的测算之前，干城章嘉峰一直被认为是世界上最高的山峰。

4 洛子峰（中国、尼泊尔，8 516米）
首次登顶：1956年
洛子峰的西侧面是陡峭的冰墙，登山者必须攀爬过这堵坚硬的冰墙才能到达珠穆朗玛峰。

5 马卡鲁峰（中国、尼泊尔，8 485米）
首次登顶：1955年
金字塔形的马卡鲁峰有许多裸露的山脊，令其成为最难攀登的山之一。

6 卓奥友峰（中国、尼泊尔，8 188米）
首次登顶：1954年
卓奥友峰属于喜马拉雅山脉，在南帕拉的主要山口和贸易路线附近。

7 道拉吉里峰（尼泊尔，8 167米）
首次登顶：1960年
道拉吉里峰被伯锐河和卡利甘达基河的支流所环绕。

8 马纳斯鲁峰（尼泊尔，8 163米）
首次登顶：1956年
雪豹和小熊猫等濒临灭绝的动物生活在马纳斯鲁山谷周围的马纳斯鲁保护区。

9 南迦帕尔巴特峰（巴基斯坦，8 126米）
首次登顶：1953年
南迦帕尔巴特峰的南部拥有4 500米高的鲁泊尔岩壁，被认为是世界上最高的岩壁。

10 安纳普尔纳峰（尼泊尔，8 091米）
首次登顶：1950年
安纳普尔纳峰是人类登顶的首座超过8 000米的山峰。

地震和火山

地壳由许多构造板块组成，它们在下层的炽热岩浆上缓慢移动。当两个板块相互滑动时，就会产生冲击波，从而引发地震。火山是在岩浆通过地壳裂缝被迫上升到地表时形成的。

以海底为基准测量的话，夏威夷**冒纳罗亚火山**的总高度为 **17 170米**，是世界上**最高的火山**。

1815年**坦博拉火山**爆发，将 **60 000 000吨** 硫黄送入了大气层。

1935年，查尔斯·里克特公布了**里氏震级表**，以**1到10**的等级测量**地震震级**。

每年会发生约**500 000次**可探测到的地震，其中约**100 000次**可以被人感受到，而会造成危害的地震只有大约**100次**。

地震产生的冲击波**最快**能以 **18 000~28 800千米/时**的速度到达地面。

火山喷出的**熔岩**的温度约为**700~1200℃**。

位于南美洲**安第斯山脉**的**奥霍斯德尔萨拉多山**是世界上海拔**最高的活火山**，海拔为

6 893米。

公元79年，维苏威火山**爆发**并埋葬了古罗马的**庞培城**和**赫库兰尼姆城**。

美国**阿拉斯加**几乎每年都会发生**7级**地震，**每14年**会发生一次**8级或以上**的地震。

2010年2月，智利发生了**8.8级**地震，将中部城市康塞普西翁向西移动了

3.05米。

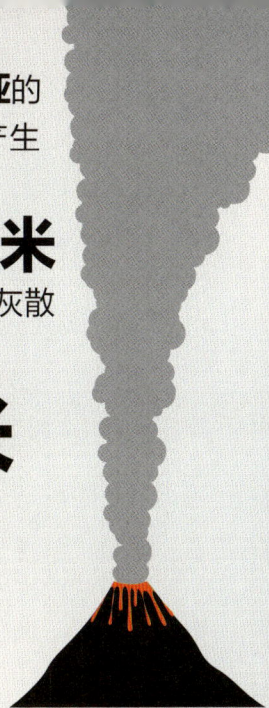

1960年在**智利瓦尔迪维亚**发生的**9.5级**地震是**有史以来最强的地震**，导致大约**2 000 000人**无家可归。

世界上**90%**的地震和**75%**的火山爆发都发生在**环太平洋地震带**。

1883年，**印度尼西亚**的**喀拉喀托火山**爆发产生的巨响在

3 000多千米

之外都能听到。火山灰散落在周围

80千米

范围内的大气中。

1977年从刚果尼拉贡戈山流出的熔岩的速度是

60千米/时，

这是人类记录的世界上最**快的熔岩流**。

世界上大约有**1 500座活火山**。

据估算有 **107 000架次** 航班由于2010年冰岛**埃亚菲亚德拉冰盖**下的火山爆发喷出的火山灰而**被迫取消**。

1943年，**帕里库廷火山**在墨西哥一位农民的**玉米地**中突然出现，并在一年内长到**336米高**。

自然奇观

从最高的山峰到最深的洞穴，我们独一无二的星球由令人惊叹的景观和丰富多样的生命组成。

在**澳大利亚**的**圣诞岛**上，每年至少有**4 000万**只**红蟹**从森林迁徙到海洋中**繁殖**，有的海滩**每平方米**就会聚集着**1~2**只红蟹。

玻利维亚的**乌尤尼盐沼**占地**10 582千米²**，是世界上**最大的盐滩**，含有约**100亿吨盐**。

中国的**武陵源**有**3 000多根**砂岩柱，是有着**3.8亿年**历史的砂岩经水侵蚀后形成的

新西兰的**怀托摩萤火虫洞**被**成千上万只萤火虫**照亮，这些萤火虫会在岩壁和洞穴顶部悬挂长达**50厘米**的黏性细丝来捕捉猎物。

世界上**最大的海狸水坝**长**850米**，于2007年在加拿大阿尔伯塔省被发现。

美国黄石公园的**老忠实间歇泉**每天喷发约**20次**，每次会喷出**14000~31800升水**。

每秒有**280万升水**流过**尼亚加拉瀑布**的3个瀑布。

美国大峡谷深**1.6千米**，长**446千米**。组成大峡谷的岩石最早可追溯至**20亿年前**。

澳大利亚的**艾尔斯岩石**是世界上**最大的岩石**。距地面最高高度为**348米**，比**埃菲尔铁塔**还高。

横跨中国布柳河的**仙人桥**跨度为**177米**，是世界上**最长的水上天生桥**。

墨西哥的**奈卡水晶洞**中充满长达**11米**、重达**50吨**的巨型晶体。

委内瑞拉的**安赫尔瀑布**落差为**979米**，是世界上落差最大的瀑布。

美国犹他州的**拱门国家公园**里有**2000多个**天然岩石拱门。

普林塞萨港地下河是一条**8.2千米**长的可通航**地下河**，流淌在菲律宾圣保罗山脉的下方。

树木和森林

从比手掌还小的树木到和摩天大楼同高的红衫，地球上有超过 60 000 种树木。除了为人们提供木材，树木和森林还可以减少土壤侵蚀、吸收二氧化碳及美化环境。

俄罗斯、巴西和加拿大这**3个国家**的森林面积就占了**世界森林面积的40.8%**。

2019年，有**119 000千米²**的树木因**伐木和火灾**而消失，几乎是瑞士国土面积的3倍。

北美红杉是**最高的树木**，可以长到**116米高**。

雨林仅覆盖了地球上**6%**的土地，但却是**一半以上**的**动物和植物**的栖息地。

一棵成熟的橡树可以养活**500多种**鸟类、昆虫、真菌和地衣。

猴面包树是**非洲最古老的树木**，已知它的寿命可以长达**3 000年**。

大果松的**巨型松果**重达**3.6千克**，和人类**新生儿**差不多重。

2016年，在印度北方邦的一项**植树造林**活动中，约**800 000人**在**24小时内**种植了**50 414 058棵树**。

酒椰树的叶子可以长到**25米**长，比网球场还长**1.5米**。

一棵桦树一年可以结出**100万**颗种子。

2019年，**每6秒钟**就有一片面积与**足球场**相当的热带雨林**消失**。

自大约**12 000年**前人类文明出现以来，地球上**树木的数量减少了46%**。

响盒子的**果实成熟**时会以高达**252千米/时**的速度**把种子喷射出去**，而且种子可以飞出**100米**远。

矮柳的最大高度仅有**6厘米**。

猴面包树**20厘米**宽的花朵是由**蝙蝠**授粉的。

一棵名叫"玛士撒拉"的**狐尾松**在2021年被推断为**4 853岁**。它在美国加利福尼亚州因约国家森林中的准确位置是**不对外公开**的。

最长的10条河流

1 尼罗河（非洲，6 650千米）
流入：地中海

纵观历史，尼罗河一直是非洲东北部农业和渔业的重要资源。它向北流经11个国家，最后注入地中海。

2 亚马孙河（南美洲，6 500千米）
流入：大西洋
亚马孙河是世界上最大和最宽的河流，在流进海洋的淡水中，有五分之一来自亚马孙河。

3 长江（亚洲，6 363千米）
流入：东海
长江是只流经一个国家的河流中最长的河流。

4 密西西比河（北美洲，5 971千米）
流入：墨西哥湾
密西西比河从美国明尼苏达州的一条3米宽的溪流开始，流经美国10个州。

5 叶尼塞河（亚洲，5 540千米）
流入：喀拉海
叶尼塞河流经世界上最大的淡水湖——贝加尔湖。

6 黄河（亚洲，5 464千米）
流入：渤海
黄河之所以黄是因为它每年携带16亿吨泥沙。

7 鄂毕河（亚洲，5 410千米）
流入：北冰洋
在一年中的大半时间里，西伯利亚西部的鄂毕河水系都因被冻结而无法通行。

8 拉普拉塔河-巴拉那河（南美洲，4 880千米）
流入：大西洋
世界上第二大的水力发电站伊泰普大坝就坐落在巴拉那河上。

9 刚果河（非洲，4 640千米）
流入：大西洋
刚果共和国和刚果民主共和国的首都分别坐落在这条河的两边。

10 黑龙江（亚洲，4 444千米）
流入：鄂霍次克海
黑龙江是包括达氏鳇在内的120多种独特鱼类的家园。

海洋

海洋包含了世界上97%的水，覆盖了我们星球大约71%的表面积，构成了一个相互关联的水世界。海洋是地球在大约35亿年前出现生命的地方。

海洋吸收了**人类排放的**大约**30%**的**二氧化碳**。

海水质量的大约**3.5%**来自海水中溶解的盐。

珊瑚礁只覆盖了不到**1%**的海底，但它们为大约**25%**的**海洋生物**提供了生存环境。

世界各地的**海底**沉睡着多达**300万艘沉船**。

超过**80%**的海洋还没有被充分地探索和测绘。

世界海洋的**平均深度**大约是**3682米**。

海洋生产了全世界**50%**以上的**氧气**。

第一个**珊瑚礁**出现在大约**5亿年前**。

海啸波在深水中以500~1 000千米/时的速度传播。海啸波靠近陆地时，其速度会减**慢**，但高度会**增高**。

巨藻是**最大的海藻**，着生深度可以达到30米，藻体每天可以成长**60厘米**。

美国人布鲁斯·坎特雷尔和杰西卡·费恩保持着在水下实验室**不间断停留**的世界纪录——**73天2小时34分钟**。

1520年，探险家**费迪南德·麦哲伦**是第一个带领欧洲船只进入被他命名为"**太平洋**"的海洋的人。

加拿大的**芬迪湾**是世界上**潮汐落差**最大的地方，在某些地方落差可达**20米**。

1912年，泰坦尼克号邮轮撞上了**大西洋冰山**并沉没。它的残骸现位于大西洋海底**3 800米**处。

已知海洋中**最深**的地方是位于太平洋的**挑战者深渊**，其深度是**10 994米**。

澳大利亚的**大堡礁**有**3 000**个珊瑚礁、**600**种珊瑚和**3 000**种软体动物。

珊瑚鱼和**软体动物**每年可以为**3 000万~4 000万**人提供食物。

沙漠

沙漠是地球上最干燥的地方，每年的降雨量不到250毫米。有的沙漠很热，有的沙漠很冷。虽然沙漠环境恶劣，但它们是一些生命力顽强的动植物的家园。

地球上只有大约**20%**的沙漠是被**沙子**覆盖的。

专业滑沙选手亨利克·梅在**纳米布沙漠的沙丘**上滑行的最高速度是**92千米/时**。

1903年，智利阿塔卡马沙漠附近的**阿里卡市**开始了长达**172个月**都没有下雨的日子。

在**戈壁沙漠**发现的**恐龙蛋化石**约有**8000万年**的历史。

北美洲索诺拉沙漠中的**更格卢鼠**可以跳跃**2.75米**以逃避捕食者。

2011年，伊朗人雷扎·帕克拉万骑行**1734千米**，**穿越了撒哈拉沙漠**，创下了仅用时**13天5小时50分钟14秒**的纪录。

世界上最高的**巨人柱仙人掌**是在索诺拉沙漠中被发现的，高**23.8米**。

巨大的**理查特结构**（撒哈拉之眼）的底部直径为**45千米**。这个**环状**结构在太空中看起来就像一个**靶心**。

中国的一系列**沙丘**在**1954年至1959年**间，每年移动的距离超过**100米**。

世界上**最高的沙丘**高度超过**1 000米**。

巴塔哥尼亚沙漠是南美洲**最大的沙漠**，面积约为**673 000千米²**。

据估计，生长在非洲南部**纳米布沙漠**里的**百岁兰**寿命可以长达**1500年**。

在戈壁沙漠中记录下了地球上**最大的温差**。平均**最高温度**高达**45℃**，而平均**最低温度**则低至**-40℃**。

位于非洲北部的撒哈拉沙漠是**世界上最大的热沙漠**，面积达**920万千米²**。

骆驼在大约5 000年前的阿拉伯沙漠中被驯化。在**1世纪**时它们被带到撒哈拉沙漠。

澳大利亚于**1840年**引进了第一只骆驼。到了现在，**超过1 000 000只**野生骆驼在澳大利亚的沙漠中漫游。

2006年，戈壁沙漠的**沙尘暴**卷起了**300 000吨**沙子。大部分沙子最后都落了了**1 600千米**之外的北京。

南极和北极

地球的两极有着极低的温度，会经历漫长且黑暗的冬天。北极点位于北冰洋的流冰上，南极点则位于冰冷的南极大陆上。

南极点和**北极点**每年只有**1次**日出和日落。

北极点和**南极点**的夏季平均气温是**0℃**和**−28.2℃**。

南极洲的海岸上和**南冰洋**里生活着**2000万只**企鹅。

南极洲**98%**的土地被**冰雪**覆盖。

南极冰盖下隐藏着大约**400个湖泊**，最大的是**沃斯托克湖**，面积约为**10000千米²**。

南极洲唯一一座活火山埃里伯斯火山的高度是**3794米**。

美国探险家**安·班克罗夫特**在**1986年**乘坐**狗拉雪橇**滑行了**1600多千米**，成为**首位**到达北极的**女性**。

南极洲**唯一**的本土昆虫南极蠓每年有**9个月**是新陈代谢停止的"**冻结**"的状态。

1911年，挪威探险家**罗阿尔德·阿蒙森**率领他的探险队和**52条雪橇犬首次前往南极**。最后只有**12条**雪橇犬完成了这次探险之旅。

生活在北冰洋的**一角鲸**的螺旋牙可以长到**3米**。

2007年，俄罗斯MIR探测潜艇在**北极点**正下方**4 261米**的北冰洋**海底**插上了一面俄罗斯国旗。

南极**70个永久研究基地**中最大的一个科学研究中心是**麦克默多站**，夏季可容纳**1 258人**。

1978年，阿根廷人埃米利奥·马科斯·帕尔马成为**第一个**在南极洲**出生**的人。

1959年，**12个国家**签署了《**南极条约**》，承诺保护南极大陆并**和平地进行科学研究**，而不是掠夺资源。

2020年2月南极洲达到了有记录以来的**最高温度18.3℃**。

居住在北极的**人口**约为**400万**。

天气和气候

天气是一定时间内大气中发生的各种变化，无论是晴天还是多云，下雨还是干燥，都是由风力、温度、湿度和气压决定的。气候是一个地区在很长一段时间中经历的平均天气。

如果一个**热带气旋**的风速达到**119千米/时**，则会被归类为飓风或台风。

有史以来**最大的热带气旋**是1979年的**台风泰培**，直径约为**2 220千米**。

下小雨时**雨滴**坠落的**平均速度**是22.5千米/时。雨滴坠落的最快速度为**32千米/时**。

1947年，美国密苏里州**60分钟**的降雨量达**305毫米**，创下了世界纪录。

2019年，美国发生了**1 520场龙卷风**，其中仅5月27日就发生了**77场**。

1972年，伊朗发生了一场**长达7天**的暴风雪，大部分地区**积雪高达3~8米**。

印度**毛辛拉姆**每年的降水量约有**11 871毫米**，相当于**2只长颈鹿**的高度。

美国公园护林员罗伊·沙利文在**1942年至1977年**间被闪电击中了**7次**。

美国加利福尼亚州的雷耶斯角和加拿大纽芬兰的阿真舍是陆地上**雾最多**的地区，每年有**200多天**被大雾笼罩。

最强烈的龙卷风的风速超过**320千米/时**。

每天世界各地的**闪电**次数超过**3 000 000次**，平均每秒发生**44次**。

全球**地表温度**最热的**20年**里有**19年**在2001年以后。其中**2016年**和**2020年**是有记录以来**最热**的年份。

一条**闪电**平均长**3~5千米**，但有些闪电只有**2~3厘米**宽，不会比你的拇指宽多少。

雷可以将空气加热到约**30 000℃**，使空气迅速膨胀并**产生雷声**。

1986年，孟加拉国记录了**世界上最重的冰雹**，重达**1.02千克**。

1654年，意大利的美第奇家族建立了**第一个天气观测网**，由分布在欧洲各地的**11个气象站**组成。

根据官方统计，2005年**卡特里娜飓风**在美国造成了**1700亿**美元（当时约合1.45万亿元人民币）的**损失**。

2019年的全球平均气温比**250年前**高出**1.1℃**。

1964年至2001年间，智利阿塔卡马沙漠的基亚瓜镇所记录的**平均年降雨量**仅为**0.5毫米**。

自然

史前生物

35亿年前，生命在地球上出现，并且随着时间的推移进化成了种类繁多的动植物。化石让我们对强大的恐龙等生活在数百万年前的生物有了一个独特的认识视角。

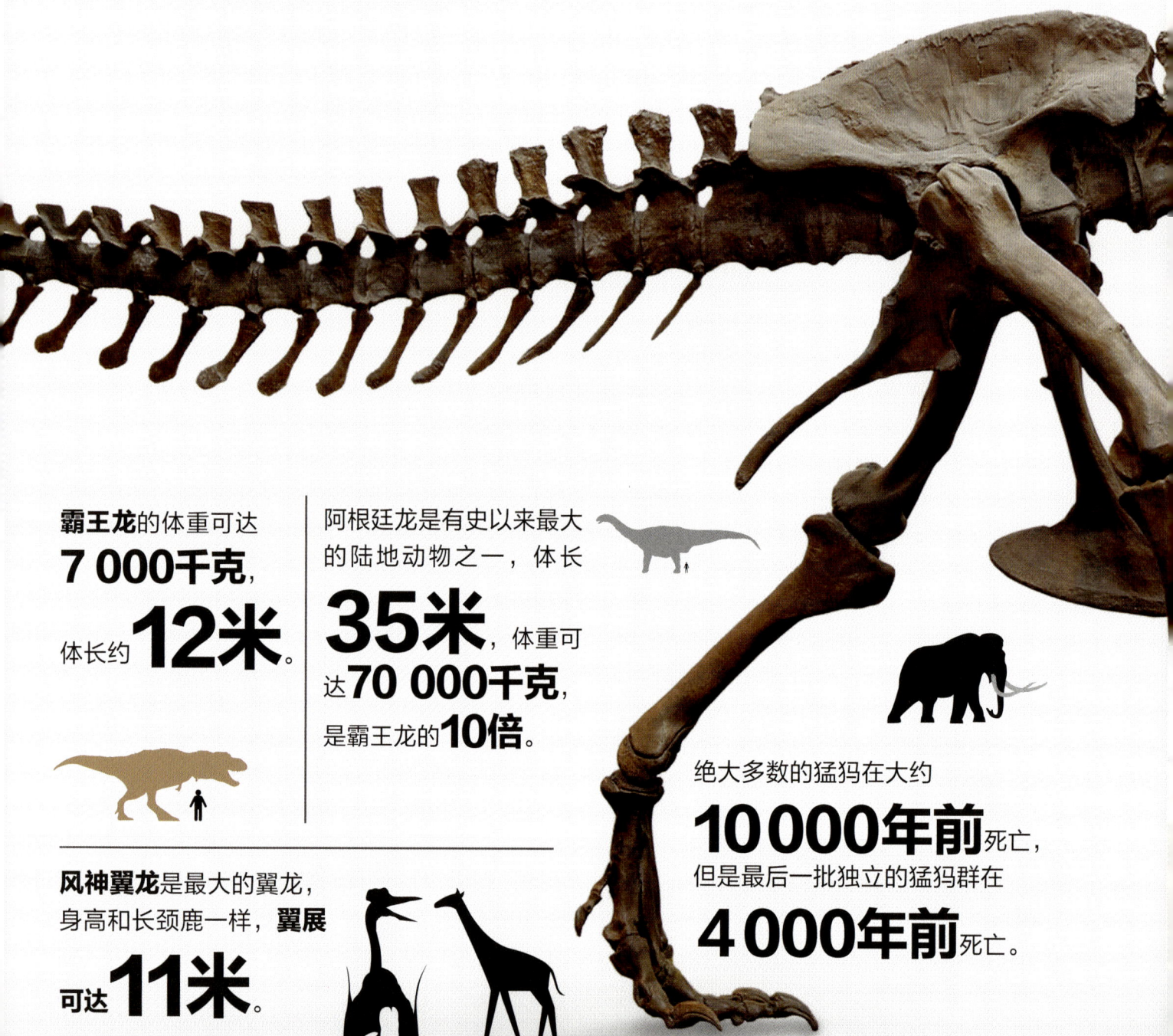

霸王龙的体重可达 **7 000千克**，体长约 **12米**。

阿根廷龙是有史以来最大的陆地动物之一，体长 **35米**，体重可达**70 000千克**，是霸王龙的**10倍**。

风神翼龙是最大的翼龙，身高和长颈鹿一样，**翼展**可达**11米**。

绝大多数的猛犸在大约 **10 000年前**死亡，但是最后一批独立的猛犸群在 **4 000年前**死亡。

一只霸王龙有**60颗锥形牙齿**，每颗长约**20厘米**。

薄片龙是一种蛇颈龙，它的**脖子上有72块骨头**。

霸王龙的**头骨**大约有**1.5米**长。

1842年，理查德·欧文创造了**dinosaur**（恐龙）一词，意思是**可怕的大蜥蜴**。

2020年，在墨西哥的一个机场建筑工地上发现了**200多具猛犸骨架**。

已知最大的鱼龙——**沙尼龙**可以长到**26米**，仅比蓝鲸小一点点。

2020年，一具名为斯坦的**霸王龙骨架**以**3180万美元**（当时约合2.2亿元人民币）的价格在拍卖会成交。

大约有**700种**恐龙被人类发现并命名。

剑齿虎是一种史前猫科动物，有一对**20多厘米长**的犬齿。

1947年，在美国新墨西哥州的幽灵牧场发现了**500多块**腔骨龙化石。

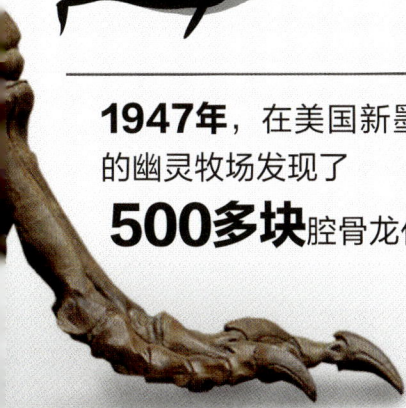

在澳大利亚发现的最大的恐龙足迹化石的长度为**1.75米**。

微小生物

我们的世界充满了微小的生物，如细菌、病毒、藻类、真菌、虱子和螨虫等。它们虽然很小，但却可以对我们的生活产生巨大而广泛的影响——从帮助我们消化食物到传播威胁生命的疾病。

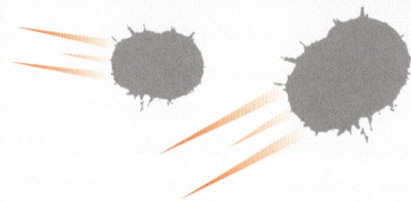

大硫卵形菌是**移动速度最快的细菌**之一，能在一秒钟内移动**60个身长**的距离。

蓝藻大约在**24亿年前**形成，是最早进行**光合作用**的生物。

至少**700种细菌**和其他微生物生活在**你的口腔中**。

缓步动物可以在没有食物和水的情况下存活**30年**以上。

头虱长2~4毫米，每天可以咬你5~6次。

新月柄杆菌可以产生一种**糖基黏性胶**，其黏合力是强力胶水的**3倍**。

世界上高达**80%**的**氧气**是由**浮游植物**产生的。

一茶匙土壤可以包含**1亿~10亿个细菌**。

感冒可以由**200多种**不同的病毒引起，其中最常见的是**鼻病毒**。

偏侧蛇虫草菌

以莱氏屈背蚁为宿主，并且促使蚂蚁爬上植物**25厘米**高的地方，因为那里**适宜真菌繁殖**。

已知最早的**微生物化石**至少有**35亿年**的历史。

包括细菌、真菌和病毒在内，大约有**39万亿个**微生物细胞生活在**人体**表面和内部。

一个**大肠杆菌**可以在**12小时**内迅速繁殖到**700亿个**。

附着在美国国家航空航天局的长期暴露飞行器上的**大肠杆菌**在太空中存活了**5年9个月**。

1674年，荷兰科学家**安东尼·范·列文虎克**第一次在显微镜下观察到了原生动物。之后在1676年第一次在显微镜下观察到了细菌。

水蚤的数量可以在短短的**1个月**内增加**10倍**。

跳蚤跳跃的高度能超过它们**体长**的200倍。

世界上**最大的细菌**——纳米比亚嗜硫珠菌，尺寸可达**0.75毫米**，能被人类肉眼观察到。

绚烂的植物

地球上至少有350 000种植物，包括从不开花的蕨类植物和参天大树到芬芳的玫瑰和娇嫩的雏菊。植物通过光合作用产生我们呼吸所需的氧气，并且植物也是许多动物的主要食物来源。

世界上**生长最快的植物**是竹子，有些品种的竹子一天可以生长

91厘米。

一株**豚草**可以产生多达

10亿粒花粉。

包括玉米、水稻、小麦在内的仅**15种植物**就提供了全世界人口**90%**的食物能量。

一颗**草莓**大约有**200粒种子**，与众不同的是，它们全都在**果实表面**。

沙漠植物**百岁兰**只有2片叶子，但可以长到**4米长**，这有助于植物从雾中**吸收水分**。

亚马逊王莲的圆形叶子直径最大可达2.5米，并能在水上支撑高达

45千克

的质量。

巨魔芋拥有世界上**最高的花序**，高达

3米。

目前已知**最古老的开花植物**——蒙特塞克藻生活在大约**1.3亿年前**。

海椰子是世界上**最大**的种子，宽可达**50厘米**，重达**25千克**。

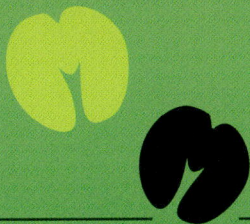

有一种**龙舌兰**需要**25年**以上才能**开花**，之后就会死亡。

捕蝇草的叶子只需**100毫秒**就可以快速关闭并**捕捉昆虫**。

最高的向日葵高**9.17米**，是2014年在德国创下的纪录。

宽**1米**、重**11千克**的大王花是**世界上最大的单朵花**。

2012年，俄罗斯科学家用在西伯利亚冰层中发现的**32 000年前**的**冷冻种子**培育出了**狭叶蝇子草**。

1942种新植物在2019年被科学命名。

超过90%的植物都是开花植物。

为了有助于**随风扩散**，翅葫芦的每一颗种子都包裹在**12厘米**宽的透明**翅膀**中。

节肢动物

我们的星球上到处都是昆虫和其他令人毛骨悚然的小动物，如千足虫、蜱虫和蜘蛛等。节肢动物占世界上所有动物物种的90%以上。数百万年前，昆虫是第一批飞行的动物。今天，它们的栖息地几乎遍布世界各地。

达尔文树皮蜘蛛可以结出**25米**宽的**巨网**。

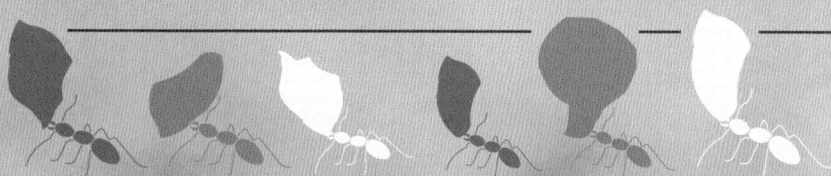

切叶蚁可以举起自身体重**50倍**的质量。

家蝇用它们的**脚**来品尝味道，比人类的舌头**灵敏10 000倍**。

蜻蜓的每一只**复眼**都包含高达**30 000只**小眼。

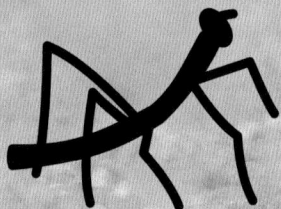

巴西漫游蜘蛛**1微克**的毒液就能杀死**41只**老鼠。

蜜蜂能在**一秒钟**内振动翅膀**250次**。

竹节虫是世界上**最长的昆虫**之一，最长可达**60多厘米**。

生活在北极的**伊莎贝拉虎蛾幼虫**具有非凡的御寒能力，它们在冬天甚至会被冻成**固体**。

*Kikiki huna*是缨小蜂科下的物种，长度仅有**0.15毫米**，是世界上**最小的会飞的昆虫**。

世界上腿最多的生物是一种学名为 *Eumillipes persephone* 的 **马陆**，雌性有多达 **1306条腿**，而雄性则有 **818条**。

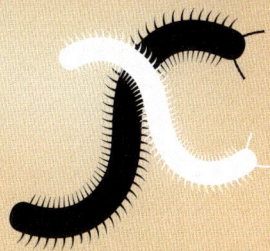

蜜蜂 为了生产 **1罐** 蜂蜜需飞行 **约88 500千米**，相当于绕地球赤道飞行两圈多。

多音天蚕蛾 的毛虫可以在 **2个月** 内吃掉它们自己体重的 **86 000倍** 的食物。

巴图迪古阿蜘蛛 是世界上 **最小的蜘蛛** 之一，长度仅有 **0.37毫米**，跟大头针的针头差不多大。

德古拉蚂蚁 合上其 **下颚** 的速度高达 **90米/秒**。

世界上 **最大的蝴蝶** ——亚历山大女皇鸟翼凤蝶的翼展为 **30厘米**。

蜣螂 可以推动自己体重 **1 141倍** 的重量。

沫蝉 能以重力 **400倍** 的加速度，跳到高达 **70厘米** 的空中。

周期蝉 在变成成虫前在地下生活了 **13年** 或 **17年**。

亚马逊巨人食鸟蛛 长 **28厘米**，大约相当于这本书的长度。

神奇的鱼

超过33 000种鱼类生活在世界各地的海洋、湖泊和河流中。鱼的体型从指甲那么小到公交车那么大不等。鱼用鳃在水下呼吸，许多鱼有光滑的鳞片，可以帮助它们轻松地在水中移动。

乌鳢（lǐ）可以呼吸空气并且可以在**没有水**的情况下存活长达**4天**。

雄性海马携带雌性的卵并孵育出**50~1500个**宝宝。

蓑（suō）鲉（yóu）的胃在进食后可膨胀至正常大小的**30倍**。

蹙（bì）鱼只需要**0.006秒**就能吃掉它的**猎物**。

腔棘（jí）鱼长期被认为已经**灭绝了6 500万年**，直到**1938年**在南非海岸捕获了一条现生种类。

条纹四鳍旗鱼可以长到4.2米长。

射水鱼能从嘴里射出**2米**远的水流，并将昆虫击入水中。

钝口拟狮子鱼生活在**8 000米**深的海底，是世界上栖息地**最深的鱼类**。

旗鱼是海洋中最快的鱼，其**最高游速**为**110千米/时**。

电鳗可以发出**500伏**的电以击昏猎物。

人们发现了长达**7千米**的沙丁鱼群。

大堡礁是至少

1 625种

鱼类的家园。

微鲤是世界上**最小的鱼**，仅

长**7.9毫米**。

飞鱼能以高达**72千米/时**
的速度将自己从水中
推出，然后在空中
飞行400米。

一种**虾虎鱼**可以用其
嘴巴和腹部吸盘

爬上**100米**
高的瀑布。

一条翻车鲀（tún）一次
可以产下**3亿个卵**。

胸棘（jí）鲷（diāo）
的寿命可以超过
140年。

河豚吸气膨胀需要

10秒。

鲨鱼和鳐鱼

与大多数鱼类不同，鲨鱼和鳐鱼的骨骼是软骨。鲨鱼通常有锋利的牙齿，而鳐鱼身体扁平，尾巴长且有毒。鲨鱼有500多种，鳐鱼有600多种。

姥鲨可以长到**11米**长，重**7吨**，大约相当于一辆**小型公交车**的大小和质量。

一只**阔口真鲨**的一生可以生长和脱落

35 000颗牙齿。

尽管鲨鱼恶名在外，但它们**袭击人类**的情况很少见。2020年仅记录了

57起鲨鱼**袭击**人类和**10起**鲨鱼袭击导致人类**死亡**的事件。

鲨鱼已经在地球上**生存**了至少

4亿年，
比**恐龙**出现得还早。

速度**最快的鲨鱼**是尖吻鲭（qīng）鲨，它能以超过**56千米/时**的速度游动。

鲸鲨是世界上最大的鱼，可以长到**19米**长。

噬人鲨（大白鲨）的嘴里有**300颗**三角形的**锯齿状牙齿**，每颗长达**7.5厘米**。

最小的雄性鲨鱼是矮灯笼鲨，它的长度只有**16厘米**。

蝠鲼（fèn）可以跃出水面 **2米**，然后用腹部入水。

2016年，科学家宣布一条**格陵兰睡鲨**大约有 **400岁**。

噬人鲨嗅觉灵敏，甚至可以探测到 **500米**以外的微弱气味。

魟（hóng）鱼的 **200**多个品种中，很多都可以用它们的**下颌**粉碎蛤蜊和其他软体动物的贝壳。

1975年史蒂文·斯皮尔伯格的大片《**大白鲨**》的上映加深了人们对鲨鱼作为掠食性杀手的恐惧，但其实只有**6%的鲨鱼品种**曾经**攻击**过人类。

史前巨齿鲨长约**15~18米**，是最大的肉食鲨鱼，其嘴巴有**2~3米**宽，内有超过**200颗18厘米**长的牙齿。

双吻前口蝠鲼的质量可达**2 400千克**，比北极熊重**4倍**，身体宽度可达**7米**。

爬行动物

从小小的壁虎到强大的鳄鱼，有10 000多种爬行动物生活在陆地上和海洋里。这些冷血动物大多是卵生的，也有些是胎生的。

恒河鳄长且窄的鳄吻里长着**100多颗**尖尖的、紧密排列的**牙齿**。

一只名叫乔纳森的**塞舌尔巨龟**是世界上最古老的陆地动物。人们在**2022年**庆祝了它的**190岁**生日。

黑曼巴蛇的毒液可以在**20分钟**内杀死一个人。

像**喙头蜥**等许多蜥蜴的寿命可以超过**100年**。

壁虎脚上**650万**根被称为**刚毛**的微小绒毛使壁虎能够**攀爬墙壁**并**悬挂在天花板**上。

玫瑰花鼻变色龙的舌头可以伸长至身体长度的**2.5倍**。

真鳄龟的咬合力达到**450千克**，可以咬断人的骨头。

绿海龟可以在水下屏住呼吸**5个多小时**，在此期间，它的心跳会减慢到**9分钟1次**。

亚马逊森蚺是世界上**最重**的蛇，创下重**227千克**、长**8.43米**的纪录。

世界上**最小的蜥蜴**仅长**1.6厘米**，小到可以放在一枚**硬币**上。

双冠蜥能以**11.3千米/时**的速度**在水面上奔跑5米远**。它也是一个优秀的游泳"运动员"，可以在水下停留**10分钟**。

41年来，孤独的乔治是已知的**平塔岛象龟中的最后一个个体**。

加蓬咝（sī）蝰（kuí）的毒牙长**5厘米**，是所有蛇中最长的。

在东南亚发现的竹叶青蛇可以长到**95厘米**长。

一条细鳞太攀蛇咬住猎物释放的**毒液**足以杀死超过**250 000只**老鼠。

湾鳄是世界上最重的爬行动物，质量可达**1 000千克**。

最长的10种蛇

1

网纹蟒（10米，东南亚）
这种巨型蛇生活在森林和湿地中，质量超过140千克。它们的猎物包括鸟类、鹿和其他哺乳动物等，伏击之后会紧紧勒住猎物。

2 **绿森蚺 8~9米（南美洲）**
与大多数蛇不同，绿森蚺是胎生而不是卵生的。

3 **紫晶蟒 8.5米（印度尼西亚、澳大利亚、巴布亚新几内亚、菲律宾）**
紫晶蟒身体细长，有着在阳光下闪着紫色光的鳞片。

4 **非洲岩蟒 7米（撒哈拉地区）**
非洲岩蟒以凶猛著称，其猎物包括羚羊和疣猪等大型哺乳动物。

5 **缅甸蟒 5.74米（东南亚、印度、中国）**
缅甸蟒可以吞下比其头部宽5倍的动物。

6 **眼镜王蛇 5.71米（东南亚、印度、中国）**
眼镜王蛇一次分泌的毒液可杀死20个人，它是世界上最长的毒蛇。

7 **亚洲岩蟒 4~5米（南亚）**
雌性亚洲岩蟒通过颤抖发热来孵化100多个卵。

8 **黄水蚺 4.6米（南美洲南部）**
雌性黄水蚺可以长到雄性的两倍。

9 **红尾蚺 4.3米（南美洲、中美洲）**
像其他许多蛇一样，红尾蚺用身体绕住猎物直至猎物窒息的方法捕猎。

10 **黑曼巴蛇 4.3米（撒哈拉以南的非洲）**
当受到威胁时，黑曼巴蛇会发出嘶嘶声并张开深黑色的嘴，这也是它名字的由来。

两栖动物

两栖动物恰如其名，它们既可以在陆地上生活，也可以在水中生活。地球上有超过8300种两栖动物，包括青蛙、蟾蜍、蝾螈和蚓螈等。

被称为**洞螈**的穴居蝾螈可以长达**10年不吃东西**。

汤普生蚓螈是**最大的蚓螈**，可以长到**152厘米**。

一只**金色箭毒蛙**含有足以杀死**10个人**或**20 000只**老鼠的毒素。

1935年，**102只巨型海蟾蜍**被引入到澳大利亚来对付甘蔗园中的虫害。到**2010年**，澳大利亚巨型海蟾蜍的数量已经增长到超过**2亿只**。

紫蛙每年在地下深处待**50周**，在雨季开始后才现身**2周**出来**繁殖**。

世界上最大的两栖动物——**中国大鲵**长约**1.8米**，重约**60千克**。

澳大利亚的**条纹火箭蛙**可以跳跃其体长

50倍

的距离。

墨西哥钝口螈失去一条腿后可以在

2个月

内重新长出新的腿。

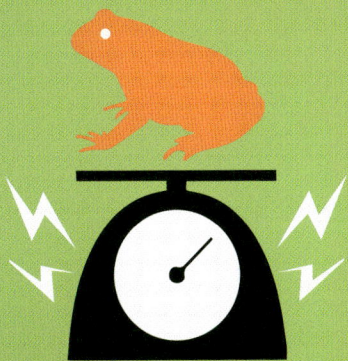

非洲巨蛙是世界上**最大的蛙类**。它的质量可达**3.3千克**，长约**30厘米**。

雌性**大冠蝾螈**在一个繁殖季节就可以产下多达

600个卵。

非洲牛箱头蛙会在每年旱季在地下冬眠

10个月。

红眼树蛙18个脚趾末端上的**吸盘**能让它们在睡觉时**保持原位**。

钟角蛙的大嘴占了其

15厘米

长的身体的**一半**。

阿马乌童蛙是**世界上最小的蛙类**，仅长**7.7毫米**。

黑掌树蛙可以用它的蹼在空中滑行15米。

奇异多指节蟾的蝌蚪长约**25厘米**，比**成年蟾大4倍**。

雄性**达尔文蛙**在其声囊中用

50~70天

来孵化蝌蚪。

67

鸟类世界

从小小蜂鸟到高大的鸵鸟，地球上生活着不同体型的约10 000种鸟类。它们是唯一有羽毛的生命，且大多数能够飞行。所有的鸟都有翅膀，即使是那些不会飞的鸟也有。并且所有的鸟蛋都有坚硬的壳。

白喉针尾雨燕是飞行速度最快的鸟类之一，能以 **170千米/时**的速度飞行。

群居织巢鸟建造的巢穴是所有鸟巢中**最大**的，可以容纳多达 **400只鸟。**

安第斯神鹫（jiù）是最大的飞禽，它的**翼展**有 **3米。**

尽管只有**17克**重，**穗鹍**（jí）却能每年从阿拉斯加飞行 **15 000千米**到达非洲。

孔雀**尾屏**的长度为 **1.8米**，占其体长的 **60%**以上。

一只**克拉克星鸦**在秋天可以埋下超过**30 000颗**种子。

吸蜜蜂鸟仅重 **1.6克**，比一个乒乓球还轻。

游隼（sǔn）在俯冲时的速度超过 **320千米/时**，使它们成为世界上最快的动物。

鸵鸟可以长到 **2.75米**高，脖子几乎占它们**身高的一半。**

为了在寒冷的栖息地取暖，小天鹅拥有超过 **25 000根** 羽毛。

一只成年雪鸮（xiāo）一年可以吃掉超过 **1600只** 旅鼠。

雄性白钟伞鸟的**叫声**可以达到震耳欲聋的 **125分贝**，比一些摇滚演唱会的声音还要大。

凭借 **3.5米** 的翼展，漂泊信天翁可以在一天内飞行超过 **1 000千米**。

鹪（jiāo）**鹩**（liáo）的**歌声**非常复杂，每分钟有 **700个** 音符。

蜂鸟拍打翅膀的速度高达 **200次/秒**。

斑腹沙锥是飞行速度**最快**的候鸟，最快能以 **97千米/时** 的速度迁徙。**每年**飞行距离达到 **6 800千米**。

巨嘴鸟（鵎鵼）的喙长19厘米，和体长相比，这是所有鸟类中**最大**的喙。

黑白兀鹫可以在 **11 280米** 的高空飞行，比一般客机的飞行高度还高 **600米**。

帝企鹅可以下潜超过 **500米** 到达海底觅食。

69

神秘的大型猫科动物

这些秘密捕食者是地球上最美丽、最致命的猫科动物，也是面临最大生存危机的动物之一。它们依靠敏捷的身手和强大的爆发力来捕食猎物。目前有7种大型猫科动物，分别是狮子、虎、美洲豹、花豹、雪豹、猎豹和美洲狮。

猎豹可以在**3秒内**从0加速到

96千米/时。

狮子的年龄越大，鬃毛的颜色就越深。通常野生狮子的寿命为**13~15年**。

雪豹生活在海拔

5 859米

的地方，比其他大型猫科动物的栖息地都要高。

虎的夜视能力是人类的**6倍**。

虎有**9个亚种**，其中巴厘虎、里海虎和爪哇虎这**3个**亚种已经**灭绝**。

狮子的吼叫声可以传到

5~8千米

之外的地方。

像所有大型猫科动物一样，**美洲豹幼崽**刚生下来的时候是**看不见**的，在出生**14天后**才能有视力。

在过去的**150年**里，野生虎的生存领地缩小了

96%。

母狮能以高达

81千米/时

的速度奔跑。

美洲豹是美洲**最大**的猫科动物，体长可达**1.7米**，重

120千克。

美洲豹为了寻找食物，每晚能行走

10千米。

雄性西伯利亚虎是体型最大的猫科动物，体长可达**3.3米**，重**306千克**。

目前，**野生狮子**只有**23 000只**，在一个世纪前这个数字还是**200 000只**。

雄狮一次可以吃掉多达**40千克**的肉，超过其体重的**15%**。

虎通常每天睡**15.8小时**。

花豹可以拖动比自身大**2~3倍**的动物尸体，以避免食腐动物夺食。

美洲狮幼崽身上的**黑点**会在出生后**6个月**左右消失。

猎豹可以在**5.95秒**内跑完**100米赛跑**，比尤塞恩·博尔特**9.58秒**的世界纪录快了几乎**一倍**。

71

壮丽的鲸

这些水栖哺乳动物是世界上最大的动物之一。它们存在于每一个海洋中，包括从温暖的热带海洋到冰冷的极地海洋。

蓝鲸**尾鳍**的平均宽度达到**7米**。

弓头鲸的嘴是所有动物中**最大**的，宽约**2.4米**，长约**4.9米**，相当于**3个成年人**的高度。

座头鲸**幼崽**每天可以喝**600升奶**。

鲸分为**须鲸**和**齿鲸**这**两大类**。

座头鲸可重达**36吨**。

抹香鲸捕食时可以下潜到**3千米**的深度。

蓝鲸的体长可以超过**30米**。

蓝鲸的心脏重达**200千克**，是动物界中**最大**的。

蓝鲸嘴里有**鲸须**，每天可以过滤 **3 630千克**磷虾。

柯氏喙鲸在深潜时可以**屏住呼吸**长达**3小时42分钟**。

蓝鲸幼崽可重达**2 700千克**，长达**8米**。

目前已知的**鲸类**大约有**90种**。

抹香鲸可以在海面下**10米**深的地方直立睡觉。

座头鲸的歌声由不同的**音调**组成，可以持续**35分钟**。

座头鲸迁徙到温暖的水域进行繁殖，单程的距离达到**8 300千米**。

座头鲸以高达**28千米/时**的速度跃出水面。

抹香鲸拥有所有动物中最大的大脑，重约**7.8千克**。

弓头鲸的寿命可以达到**200岁**。

蓝鲸的质量超过**150吨**，相当于**32头**亚洲象的质量。

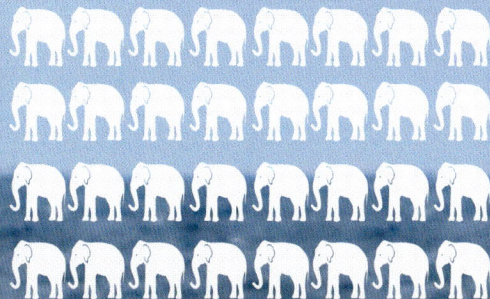

强壮的熊

这些巨大的哺乳动物出奇地敏捷，而且善于攀爬，在某些情况下还擅长游泳。除了非洲、澳大利亚和南极洲，其他大陆上都可以找到熊。

现存**8种熊**。非洲唯一的熊科动物——阿特拉斯棕熊在**19世纪末**灭绝。

北极熊的狩猎成功率不到**2%**。

美国西部的北美灰熊每天**吃掉多达40 000只**增切夜蛾。

在**鲑鱼产卵季**，一只**北美灰熊**每天可以捕获**30多条鲑鱼**。

有报道称，**2011年**一只北极熊在波弗特海**连续游了687千米**，历时**232小时**。

眼镜熊是南美洲唯一的熊类。它主要吃**水果、植物和球茎**，肉类只占其饮食组成的**5%**。

大熊猫每天必须进食**10~16个小时**来保证获取所需的营养。它们**每天能吃掉高达其体重38%**的竹子。

大熊猫出生时的平均体重为 **100克**，是其母亲体重的 **1/900**。

在冬眠期间，**黑熊的心率**会从 **40~50次/分**下降到 **8次/分**。

大约有 **26 000只** 北极熊生活在野外。

雄性北美灰熊的体重可达 **360千克**。

黑熊的短跑**最高速度**为 **40~50千米/时**，是人类无法超越的速度。

马来熊的舌头长 **20~25厘米**，可以从**蜂巢中获取蜂蜜**。

北极熊可以嗅到 **1 000米**以外的海豹的味道，哪怕海豹藏在 **1米**厚的冰下。

懒熊主要生活在斯里兰卡和印度，体长可达 **2米**。懒熊会将幼崽背在身上直到它们 **6~9个月大**。

在冬眠之前的夏季和初秋，**黑熊的体重**每周可增加 **13.6千克**。

75

灵长类动物

灵长类动物有400多种，从小小的鼠狐猴、眼睛大大的眼镜猴到足智多谋的黑猩猩和大猩猩。这些不同寻常的灵长类动物之间差异很大，但大多数灵长类动物都有发达的大脑和灵巧的手。

人科一共有**5种**动物：大猩猩、黑猩猩、红毛猩猩、倭黑猩猩和**我们（智人）**！

眼镜猴的眼球有**16毫米**宽，与它的**大脑尺寸相同**。

松鼠猴使用至少**26种**不同的**叫声**来与同伴**交流**。

指猴有**6个手指**，包括一个有助于抓握的瘦小**伪指**，以及一个能以每秒**11次**的速度轻敲树木来检测树皮下有没有昆虫的超长手指。

蜂猴有**2条舌头**，它用**下舌**来清洁它的**前牙**。

在亚洲发现的步氏巨猿身高**3米**，体重高达**500千克**，已在**2 000 000~300 000年前**灭绝。

红毛猩猩是**童年最长**的动物之一，幼崽由母亲抚养**6年**。

赤猴的奔跑速度可达**55千米/时**，是世界上**最快的猴子**。

环尾狐猴的尾巴上有**13条黑白环带**。雄性处于战斗时，会用尾巴摩擦**臭腺**，使臭气刺鼻的体液挥发，并向对手甩动尾巴，展开**气味攻击**。

已知的**最年长**的黑猩猩名叫Little Mama，它于2017年去世，享年**76~82岁**。

倭儒矮狐猴仅重**25~38克**，是世界上**最小**的灵长类动物。

山魈（xiāo）的牙齿长达**6.5厘米**。

一只刚出生的**大猩猩幼崽**重**1.4~1.8千克**，大约是**人类新生儿**平均体重的**一半**。

长鼻猴的**鼻子**可以长到**17.5厘米**。

红毛猩猩大约有**80%~90%**的时间在**树上**度过。

科学家曾教会名叫KOKO的**西非低地大猩猩**理解**1000多个**手语单词。

海南长臂猿是世界上**最稀有的灵长类动物**，野外存活数量不到**30只**。

最重的10种
陆地动物

1 非洲草原象（4 000~7 000千克）
中非和南非
作为陆地上最重的动物，非洲草原象每天要进食18个小时来为它们巨大的身体提供能量。它们是濒临灭绝的物种，野外仅剩不到315 000只。

2 非洲森林象（2 700~6 000千克）
西非和中非
大量的非法偷猎和低繁殖率导致非洲森林象极度濒危。

3 亚洲象（3 000~5 000千克）
南亚和东南亚
亚洲象的耳朵比其非洲近亲小，喜欢在较凉爽的丛林栖息地漫游。

4 白犀（1 800~2 500千克）
中非和南非
白犀由两个亚种组成，受到偷猎的威胁，北方白犀目前只幸存两只。

5 海象（1 200~2 000千克）
北极地区
海象的皮下脂肪占很大一部分质量，它可以帮助海象在北极海域保持温暖。

6 爪哇犀（900~2 300千克）
东南亚
爪哇犀很稀少，它有灰褐色的皮肤和可以长到25厘米的尖角。

7 河马（1 400~1 500千克）
中非和南非
这种好斗的草食动物拥有所有陆地动物中最大的嘴，并且以攻击人类而闻名。

8 长颈鹿（600~1 900千克）
中非和南非
因为有着长长的脖子和腿，长颈鹿的身高可以达到6米以上，让它够得着高大的合欢树上它最喜欢的叶子。

9 黑犀（900~1 350千克）
中非和南非
黑犀现在极度濒危。它在夜间以树叶为食，在非洲炎热的白天睡觉。

10 野水牛（800~1 200千克）
南亚和东南亚
野水牛群居，喜欢在泥泞或多水的栖息地晒太阳，以保持身体凉爽并防止苍蝇和其他害虫靠近。

人体**超过半数**的骨头都集中在**手和脚**，每只手

有**27块**，每只

脚有**26块**。

如果将身体中所有的**血管**首尾相连，总长度大约**100 000千米**，差不多是**地球周长的2.5倍**。

咬肌是身体中**最强壮的肌肉**，它能够以高达

91千克

的咬合力**闭合下巴**。

胃每天可以分泌多达**1.5升**含有**盐酸**

的**胃液**。

脊柱在白天**压缩**，在我们睡觉时**伸展**，这意味着我们早上起床时比晚上睡觉前**高1厘米**。

人体中有360个关节可以帮助我们**进行弯曲**。

脊柱是由

33块椎骨堆叠而成的。

肺里有超过**3亿**个被称为**肺泡**的气囊。

你伟大的身体

我们的身体每天会产生大约 **1.5升尿液**，这足以装满 **6个杯子**。

人体由数以万亿计的细胞组成，这些细胞聚集在一起形成骨骼、器官和组织。它们在庞大网络中协同工作以执行从消化食物到为全身输送血液等重要工作。

肾每 **24小时** 过滤大约 **200升血液**。

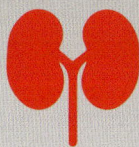

如果将单个 **人体细胞** 中的 **DNA** 拉直，其长度将达到 **1.8米**。

人类生来就有近 **300块** 骨头，但随着我们的成长，一些骨头会 **融合** 在一起。成年人通常有 **206块** 骨头。

7米 长的 **小肠** 是消化系统中 **最长** 的部分。

臀大肌 是人体 **650多块** 肌肉中最大的。

以平均寿命计算，人的 **心脏** 将 **持续跳动** 超过 **30亿次**。

骨髓 **每秒产生** **200万~300万** 个 **红细胞**。

唾液腺 每天分泌大约 **0.5~1.5升** 唾液。

休息时，我们 **每分钟呼吸** **20次**，**全天呼吸** **28 800次**。

一滴血 大约包含 **25 000个** 白细胞。

肝脏有包括 **过滤血液** 和 **帮助消化** 在内的 **500多** 种功能。

我们的鼻子可以**检测**超过**20 000种**不同的气味。

眼球中的**视网膜**上有大约**1.3亿**个视细胞，可以帮助人类看到不同颜色。

人类一生**眨眼**约**4.15亿次**。

我们的**味蕾细胞**每**2周**更换一次。

儿童的舌头上平均有**10 000个**味蕾，而成年人平均只有**6 000个**。

灵敏的感觉

人体的五种主要感觉分别是味觉、嗅觉、听觉、视觉和触觉。你的眼睛、耳朵和鼻子等感觉器官会将接收到的信号传送给大脑，然后大脑就会告诉身体应该如何反应。

手指甲每月平均增长 **3.47毫米**，而**脚指甲**仅增长 **1.62毫米**。

皮肤是人体**最大的器官**，占体重的 **16%**。

鼻子里的细胞每天会产生 **1升黏液**。

耳朵中大约有 **15 000个** 用于检测声音的**听毛细胞**。

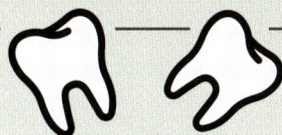

人体**最硬**的物质是牙釉质，牙釉质的**96%**由羟（qiǎng）基磷灰石组成。

舌头由**8块肌肉**组成，可以帮助你说话，以及在进食时移动食物等。

舌头上有大约 **200个菌状乳头**，每个菌状乳头上都有多达 **15个味蕾**。

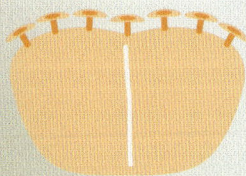

人类**每2~4周**就会脱落一次**外层皮肤**。一生可能脱落**35千克**的死皮。

人的头发数量超过 **100 000根**。每天大约脱落 **50~100根**。

鼓膜是耳朵中的**薄膜**，直径为**9毫米**，当声波撞击它时会**振动**。

仅**6.5厘米^2**的皮肤就包含了**650个**汗腺、**20根**血管和**1 000个**神经末梢。

镫（dèng）**骨**是内耳中的一块小骨头，也是人体**最小的骨头**，长约**3毫米**。

人类的大脑

大脑受头骨保护并通过庞大的神经网络与身体其他部位相连。大脑控制着身体的功能和运动，以及思想、决策和记忆。

大脑**漂浮**在大约**150毫升**起到**减震**作用的**脑脊液中**。

单个神经元（神经细胞）可以与其他神经元有多达**10 000个连接**。

大脑约占你**体重的2%**，大约**1.3~1.4千克**。

人类的**大脑**比我们最近的亲戚——**黑猩猩**的大脑重**4倍**。

大脑由**3个主要部分**组成：**端脑**控制动作、说话和感觉；**小脑**协调运动和平衡；**脑干**控制反射。

人类大脑包含大约**2 000亿个**细胞。其中一半是可以在身体内传递**电信号**的**神经元**。

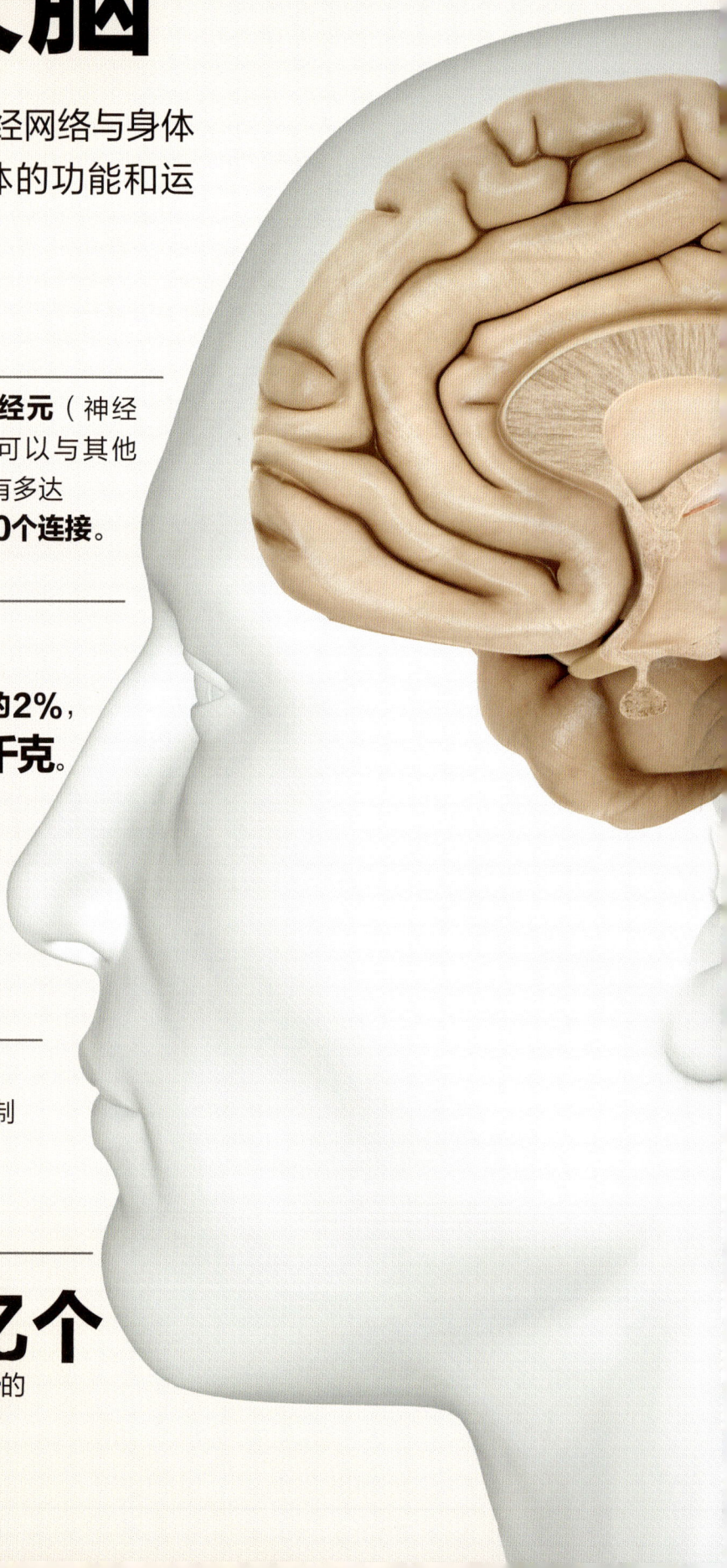

脑细胞之间有超过**100万亿**个突触。

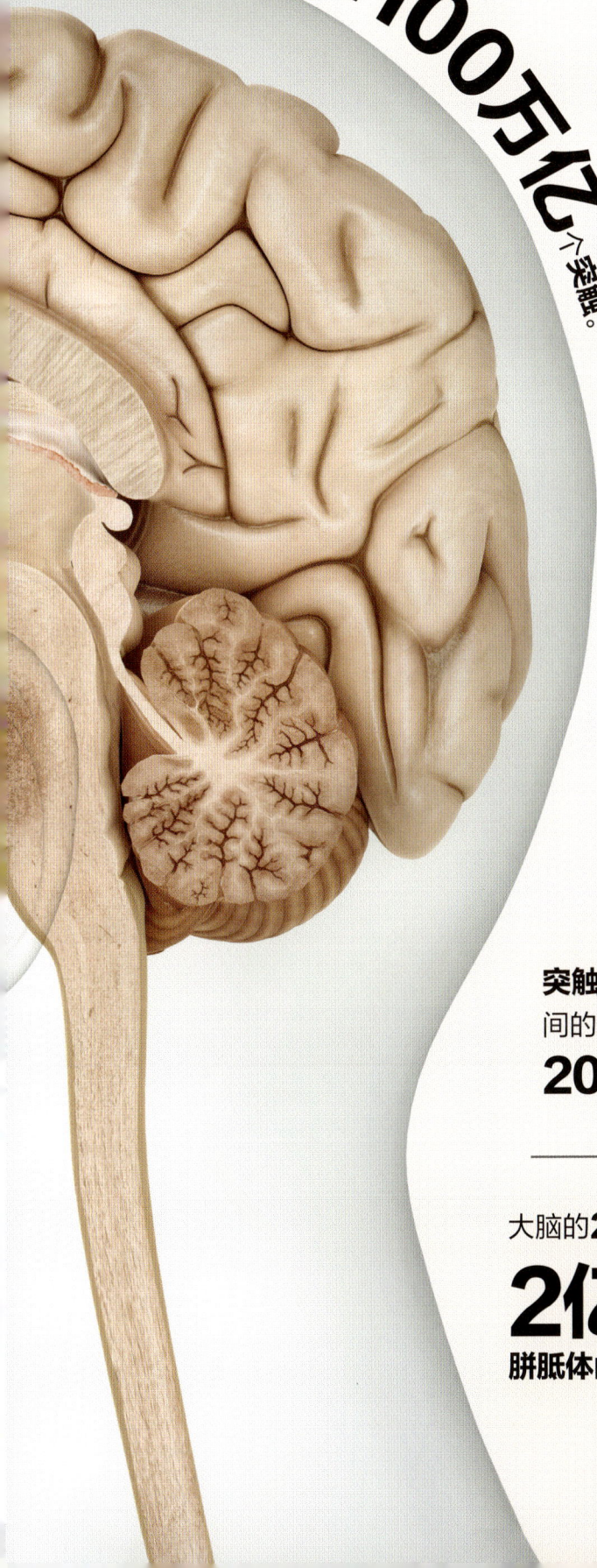

1929年，汉斯·贝格尔发明了**脑电图**（EEG）——一种使用机器测量大脑**电活动**的技术。

由神经纤维构成的**脊髓**重约**35克**，与**3节7号电池**的质量相同。

血液携带着氧气和能量，以**0.75升/分钟**的速度流过你的**大脑血管**。

身体大约**20%**的**氧气供应**被大脑使用。

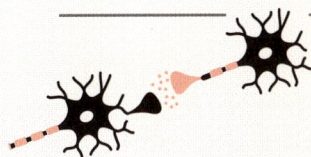

大脑本身**感觉不到疼痛**，因为它**没有痛觉感受器**。

突触的宽度，即两个神经元之间的连接，大约是**20~40纳米**。

3岁儿童的大脑大小是**成年人的80%**。

大脑的**2个半球**之间通过**2亿~2.5亿**根被称为**胼胝体**的神经纤维产生联系。

臭臭的便便和黏稠物

包括人类在内的大多数生物都会产生大量废物，例如粪便、鼻涕和尿液。尽管这些物质很恶心，但它们都具有重要的功能，例如清除有害细菌和保持身体健康。

19世纪，在秘鲁开采出大量**鸟和蝙蝠的粪便**，其高度超过**60米**，比意大利的**比萨斜塔**还要高。

一头**奶牛**每天可以分泌
98~190升唾液。

袋熊可以在一夜之间拉出多达**100个立方体状粪便**。这些粪便边长大约**2厘米**，用于**标记它们的领土**。

一只Apheloria属的马陆分泌的**有毒氰（qíng）化氢**足以杀死**18只鸽子或6只老鼠**。

鹦嘴鱼磨碎并吞下珊瑚和硬矿物质，每年**排出约**
450千克沙子。

牛、猪、羊和其他牲畜的**放屁、打嗝和粪便**造成了大约 **14.5%** 的**全球温室气体排放**。

为了保护自己免受攻击，一条**太平洋黏盲鳗**可以产生大约
24升黏液。

一个人一生会排出大约**20 000升气体**，足以装满
2000个气球。

一只**大熊猫**一天排便的次数可达**40次**。

平均而言，一坨**人类粪便**中含有**250个塑料微粒**。

臭鼬释放一次**恶臭的液体**之后，可能需要长达
10天的时间才能将它们补足。

人类粪便有大约 **75%** 是水。

人类粪便平均含有 **210卡路里**的能量，足以为 **24部手机**充满电。

长颈鹿会用它们50厘米长的、黏糊糊的舌头把**鼻涕**从鼻子里舔出来。

阿波罗任务的航天员在月球的不同位置留下了 **96袋人类粪便**。

一头奶牛每天产生大约 **300升甲烷**。

人类尿液中约有 **3 000种**化学废物。

一头大象每天排便次数约为 **12~15次**，能够产生大约 **100千克**的粪便。

弄蝶的毛毛虫能将它的粪便射到大约 **1.5米**外的地方，约等于其自身长度的**38倍**。

人文

人类的世界

在过去的一个世纪里，从人口出生率到人口自由流动，世界人口发生了很多变化。越来越多的人搬到了城市，贫富差距也在不断增大。

2019年，**48%的国际移民**是女性。

2020年，全球有**56.2%的人居住在城市**。预计到2050年，这一数字将增加到

68%。

250年前，人类的平均预期寿命是**28.7岁**。到了2019年，这个数字提高到了**72.6岁**。

有**1.4亿婴儿**在**2020年**出生。

2017年，**全球平均生育率**为每名妇女仅生育**2.4个孩子**，而**1950年**这个数字是**4.7**。

2019年到中国香港的游客超过**5 500万人**，是2010—2019年这**10年**来人流量最大的城市。

9.2%的人生活在**全球贫困线以下**，这意味着他们每天的生活支出**不到1.9美元**（约合人民币13元）。

2018年，世界上**最富有的26个人的财富**总和相当于**最贫穷的38亿个人的财富**总和。

全球有超过**8亿人**因为**缺乏食物**而无法满足**基本营养需求**。

预计到**2050年**，世界人口将达到**97亿**。

世界上有**7950万人**由于**战争、自然灾害或迫害**而流离失所成为**难民**。

占世界人口的5%的**原住民**却占了贫困人口的15%。

超过**2.72亿人**生活在与他们出生地**不同的国家**。

2019年，居住在**欧洲**或**北美洲**的国际移民有**1.41亿人**。

2018年，18岁以下难民数量占全球难民人口总数的52%。

自**2018年起**，**65岁**以上的人口数量超过**5岁以下**的人口数量。

现在旅行的人数比历史上任何时候都多。2019年有**43.97亿次航班**，是1975年的**10倍多**。

地球上的大洲

世界七大洲包括非洲、亚洲、欧洲、大洋洲、北美洲、南美洲和南极洲。除南极洲外的每个大洲都分属多个国家，而南极洲不属于任何一个国家。各大洲及其人民差异很大。

82% 的**北美洲人**居住在**城镇**或**城市**，比其他任何大洲都多。

生活在**大洋洲**的人口仅仅占世界人口的 **0.5%**。面积仅有 **21.1千米²** 的瑙鲁是**大洋洲面积最小的国家**。

预计到 **2050年**，世界人**口增长**的一半以上将发生在**非洲**。

世界上约**五分之三**的人口生活在**亚洲**。

世界上最小的 10个国家 中有 **5个** 在**欧洲**：梵蒂冈、摩纳哥、圣马力诺、列支敦士登和马耳他。

直到 **2亿**年前，地球上的土地才形成一个名为**泛大陆**的超级大陆。

机场最多的 **10个**国家中有 **8个**位于**美洲**。其中美国拥有最多的机场——高达 **13 513个**。

有 **5个国家** 横跨**欧洲和亚洲**：俄罗斯、土耳其、格鲁吉亚、哈萨克斯坦和阿塞拜疆。

虽然**法属圭亚那**有 **290 600人** 居住在**南美洲**，但他们实际上是**法国**的一部分并且使用**欧元**作为货币。

现代人类——**智人**大约 **30万年**前从**非洲**进化而来。

南美洲

非洲

南极洲是唯一一个没有永久居民的大陆，但在2018—2019年约有56 000人到访南极洲。

南极洲是地球上最高的大陆，平均海拔约2 300米。

南极洲

澳大利亚

大约**5万年前**，来自东南亚的**原住民**在**澳大拉西亚**定居。

北美五大湖：苏必利尔湖、休伦湖、密歇根湖、伊利湖和安大略湖有着世界上**21%**的**地表淡水**。

非洲有**54个**国家，超过世界上其他各洲。

欧洲**一半**的人口年龄在**42岁**以上。非洲一半的人口年龄在**18岁**以下。

世界上的国家

无论是横跨大洲的大国、内陆的小国还是岛屿群，国家都拥有自己的政府和领土。世界上有近200个国家。

超过**14亿人**生活在中国，它是世界上**人口最多**的国家。

马尔代夫最高点的海拔只有**2.4米**，是世界上**地势最低**的国家。

2011年，南苏丹举行全民公投，**98.83%**的选民赞成**独立**，成为世界上**最新的国家**。

乌拉圭**49.8%**的**人口**居住在**蒙得维的亚**这个城市。

1960年，包括喀麦隆、多哥和乍得在内的**17个**非洲国家宣布独立。

梵蒂冈是世界上**最小的国家**，面积只有**0.44千米²**，和**天安门广场**的面积相同。

厄瓜多尔和智利是仅有的两个与**巴西**没有共同**陆地边界**的南美洲国家。

马耳他的面积为**316千米²**，是**欧盟最小**的成员国。

蒙古是**人口密度最低**的国家，每平方千米**只有2人**。

印度是世界上人口第二多的国家。超过**9亿人**有资格在**2019年**的大选中**投票**。

印度尼西亚由大约**17 500个**岛屿组成。

1893年，**新西兰**成为第一个赋予**妇女投票权**的国家。

1960年，**斯里兰卡**成为第一个由**女总理**领导的国家。

1913年2月19日，墨西哥在这**1**天内有**3位**不同的在任总统。

1988—1991年，最大的国家分裂事件使**苏联**解体为**俄罗斯**和其他**14个**国家。

2007年，**瑞士**意外入侵了**列支敦士登**。当时**170名瑞士士兵**在没有意识到的情况下**越过了边境**。

加拿大和美国共享**世界上最长的边界线**——**8 891千米**。

超过**5 000万只袋鼠**生活在澳大利亚，是当地人口的**两倍**多。

列支敦士登是世界上**第六小**的国家，也是国际领先的**假牙**出口国之一。

俄罗斯是世界上**最大**的国家，跨越**11个**时区。莫斯科时间**早上7点**时，俄罗斯远东地区是**下午4点**。

繁忙的首都

几乎每个国家都有一个首都，首都通常是政治、经济和文化的中心。有一些首都是小型定居点，也有一些首都是这个国家最大的城市。

超过**900座**教堂坐落在**意大利**的首都**罗马**。

尼日利亚首都**阿布贾**有一块**400米**高的**祖玛岩**。

平均每天有**3 590 000名**乘客使用位于日本首都东京的世界**最繁忙**的火车站——新宿站。

年平均气温只有**-1.3℃**的蒙古首都**乌兰巴托**是世界上**最冷**的首都之一。

曼谷的官方名称长达**168个字母**，可以缩写为Krung Thep，意为"天使之城"。

在1808—1821年长达**13年**的时间里，南美洲的**里约热内卢**一直是**欧洲国家葡萄牙**的首都。

坐落于**法国**首都**巴黎**的埃菲尔铁塔每年会接待约**700万名**游客。

1790—1800年，美国的首都是**费城**，现在的首都**华盛顿哥伦比亚特区**当时正在建设中。

截止2023年底，中国首都北京的**轨道交通**运营总里程达**836千米**，有490座车站。

新西兰首都**惠灵顿**位于南纬**41度**，是世界上**最南端**的首都。

南非有**3个首都**：行政首都**比勒陀利亚**，立法首都**开普敦**，司法首都**布隆方丹**。

阿根廷首都**布宜诺斯艾利斯**的七月九日大道宽**140米**，是世界上**最宽**的街道。

叙利亚首都**大马士革**是人类聚居历史最古老的城市之一。自公元前**10 000年**以来一直就有人类居住在那里。

印度尼西亚首都**雅加达**有**13条河流**，地表每年平均下沉**1~15厘米**。

公元**43年**由罗马人建立的"**伦底纽姆**"是现今英国的首都**伦敦**。

刚果民主共和国首都**金沙萨**和刚果共和国首都**布拉柴维尔**被**刚果河**隔开，两地相距不到**4千米**。

到2030年，印度首都**新德里**的人口预计将达到**3900万**，成为世界上**人口最多的城市**。

冰岛首都**雷克雅未克**在长达**21年**（1966—1987年）的时间里**禁止在星期四播出电视节目**。

世界上人口最多的10个城市

1 东京（日本，3 734万）

日本的首都东京是一个重要的政治和经济中心。近年来，日本出生率下降，外籍劳工涌入数量减少，这意味着东京将在2030年失去人口最多的称号。

2 德里（印度）
3 118万
除了庞大的市中心地区，印度德里还有着历史悠久、充满了莫卧儿建筑的老城区。

3 上海（中国）
2 780万
上海因其耀眼的摩天大楼天际线而闻名，同时也是重要的金融和商业中心。

4 圣保罗（巴西）
2 224万
圣保罗以基督教信徒圣保罗的名字命名，是一个拥有111个不同民族的富裕城市。

5 墨西哥城（墨西哥）
2 192万
墨西哥城坐落在马德雷山脉的山谷中，海拔2 240米。

6 达卡（孟加拉国）
2 174万
达卡坐落在肥沃的恒河三角洲上，有数条主要河流流经且人口稠密。

7 开罗（埃及）
2 132万
开罗充满了伊斯兰式建筑和繁华的集市，同时它也靠近大金字塔所在的吉萨区。

8 北京（中国）
2 090万
在北京繁忙的市中心，既有故宫等历史遗迹，又有2008年奥运会的现代奥林匹克建筑。

9 孟买（印度）
2 067万
孟买几乎完全被大海包围，同时孟买也是印度很受欢迎的印地语电影工厂宝莱坞的所在地。

10 大阪（日本）
1 911万
大阪因为有许多绝妙的美食而被称为"日本厨房"。

语言

语言很美妙。语言让我们能够通过词句来交流以及传达想法、情感和知识。多年来，各种独特的语言时有流行，有时不同语言之间也会互相借用词语。

联合国**官方语言有6种**：阿拉伯语、**中文、英语、法语、俄语和西班牙语**。

有**517种语言**在尼日利亚被使用，远超其他**非洲**国家。

英语有**600 000多个单词**，是世界上**单词数量最多**的语言。

哨语是一种由**口哨声**组成的语言。北非海岸外加那利群岛中**戈梅拉岛**上的原住民使用哨语能够在**相距5千米**的两地进行**交流**。

世界上大约**五分之二**的**语言**濒临**消失**。

世界上超过**一半**的人能够流利地说**2种语言**。

天主教**教皇方济各**能使用包括拉丁语在内的**9种语言**发送**推特消息**。

津巴布韦有**16种官方语言**，是世界上官方语言种类最多的国家。

法语是**29个**国家的官方语言。

今天人们使用的所有语言中有**80%**的语言使用人数少于**100 000人**。

尽管法国人路易·波拿巴试图学习荷兰语，但当他于**1806年**加冕成为荷兰统治者时，称自己为"荷兰的兔子"，因为他把"KONING"（国王）说错成"KONIJN"（兔子）了。

有**1 348 000 000人**将**英语**作为他们的**第一或第二语言**。

只有**不到5%**的葡萄牙语使用者居住在**葡萄牙**。葡萄牙语的大部分使用者——超过**2亿人**居住在**巴西**。

2020年，全球约有**7 117种**不同的语言正在被使用。

英语单词"alphabet"（字母）来源于希腊字母表的**前两个字母** α（alpha）和 β（beta）。

克里斯蒂娜·卡尔德隆出生于**1928年**，是火地岛（南美洲最南端）**最后一位以雅加语为母语的人**。

有**840种语言**在**巴布亚新几内亚**起源或使用，超过世界上其他任何国家。

世界上**12.3%**的人口以**中文普通话**为母语，是世界上**使用人数最多的母语**。

旗帜飘扬

国家、地区、城市以及一些组织通常会悬挂旗帜来进行识别、交流和纪念。国旗通常是一个国家强有力的象征，它能够激起本国人民的自豪感和爱国热情。

现在带有**50颗星星**的美国国旗是在**1958年**由**17岁**高中生罗伯特·赫夫特设计的。

设计于**700多年前**的**丹麦国旗**，又称"丹尼布洛"，是现今仍在使用的国旗中最古老的国旗之一。

自**1777年美国国旗**被采纳以来，它已经被**修改了27次**。

为了纪念自**1950年**起**长达31年**的独立斗争，伯利兹国旗上有一个带有**50片叶子**的花环。

世界上最高的旗杆位于**吉达**，高**171米**，它悬挂着沙特阿拉伯国旗。

世界上**最小的国旗**是在2016年制造的加拿大国旗，长度为**0.001毫米**，仅为**一根头发丝宽度的****1/100**。

马恩岛的旗帜上有三条穿着铠甲的**人腿**，来源于一个有**600多年**历史的符号。

海地和列支敦士登这两个国家在不知情的情况下，带着**相同的国旗**参加了1936年的奥运会。

1901年澳大利亚举行的新国旗设计**国际竞赛**中，总共提交了**32 823件**参赛作品。

劫持了**400多艘船**的海盗"黑色准男爵"——巴沙洛缪·罗伯茨的旗帜描绘的是他站在**2个人类头骨**上的场景。

在**2006年**的一次**拍卖会**上，美国独立战争期间的**4面旗帜**以约**1700万美元**（当时约合1.3亿元人民币）的价格成交。

印度国旗上有一个**24根辐条的法轮**，被称为阿育王脉轮。法轮是**佛教**的一种标志。

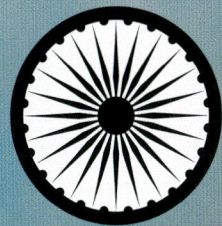

巴拉圭国旗在1811年到1812年这短短**1年内**更换了**4次**。

世界上只有瑞士和梵蒂冈这**2个国家**的国旗是**正方形**的。

世界宗教

宗教试图解释生命目的和意义。世界各地的人都信奉不同的宗教，每种宗教都有自己的信仰和神圣的仪式。

道教基于**老子**和**庄子**这两位中国**哲学家**的学说。

大约**2000**年前，**神道教**在日本发展成为一种宗教。

《**梨俱吠陀**》包含**10 600**个颂。

《**梨俱吠陀**》是现存**最古老**的**印度教**文献，大约有**3 500**年的历史。

耆（qí）**那教**是印度传统宗教之一，相传有**24**位祖师。

1455年，**48**本基督教圣书《圣经》被印刷成书，这是**欧洲第一本**使用印刷机制作的书。

犹太教圣书《**托拉**》包含**613**条戒律。

世界上**70%**的人信奉**基督教**、**伊斯兰教**或**印度教**中的**1**种。

巴哈伊教是世界上**最年轻**的大型宗教之一，于**1844**年在波斯（今伊朗）创立。

位于美国纽约州奥奈达市的十字岛教堂是**世界上最小的基督教教堂**，只有**2**个座位。

锡克教教徒有独特的**身份特征**，即**5K**：**KACHERA**（穿短裤）、**KANGHA**（带木梳）、**KARA**（戴手镯）、**KESH**（蓄长发）和**KIRPAN**（配短剑）。

伊斯兰教圣书《古兰经》共有 **114章**。最长的章有 **286节**，最短的只有 **3节**。

每年有超过 **200万名穆斯林**前往沙特阿拉伯的**麦加**完成名为"朝觐（jìn）"的宗教仪式。

位于巴塞罗那的罗马天主教堂——**圣家族大教堂**将于2026年基本完工。它从1882年开始建造，至今已**超过** **140年**。

世界上大约 **7%** 的人口信奉**佛教**。

7枝的**犹太教灯台**是**犹太教**的象征。每个分支代表一周中的一天。

柬埔寨的**吴哥窟**是世界上**最大的宗教建筑**，是一座在 **12世纪**建造的**印度教寺庙**。但在其建成后不到 **100年**，就被改建为**佛教寺庙**。

佛教的创始人**乔达摩·悉达多**据说在树下冥想了 **49天**，从而达到了一种叫作"**开悟**"的状态。

坐落在土耳其的伊斯兰清真寺——**圣索菲亚大教堂**的圆顶直径为 **33米**。

大约 **83%** 的锡克教教徒生活在**印度**。

105

最高的10座雕像

1 **团结雕像（印度古吉拉特邦）**
182米，2018年完工
这座印度首任副总理瓦拉巴伊·帕特尔的雕像几乎是美国自由女神像的4倍高。在建造过程中使用了约24 500吨钢材和70 000吨水泥。

2 **中原大佛（中国庐山）**
128米，2008年完工
中原大佛由1 100块铸铜制成，估计质量为1 000吨。

3 **蒙育瓦立佛（缅甸蒙育瓦）**
116米，2008年完工
这座佛像矗立在一个13.5米高的宝座上，花了12年时间才建成。

4 **牛久大佛（日本牛久）**
120米，1993年完工
牛久大佛矗立在一个10 000米²的花园中间。

5 **仙台大观音（日本仙台）**
100米，1991年完工
参观仙台大观音的游客可以通过雕像脚下雕刻的白龙口进入。

6 **沩（wéi）山大佛（千手千眼观音圣像，中国长沙）**
99米，2009 年完工
沩山大佛是世界上最大的千手千眼观音圣像。

7 **泰国大佛（泰国红统府）**
92米，2008年完工
据说那些触摸大佛右手的人会得到幸运。

8 **北海道大观音（日本芦别）**
88米，1989年完工
大观音内部有20层，里面有几座神殿，顶部有一个观景台。

9 **祖国母亲在召唤（俄罗斯伏尔加格勒）**
85米，1967年完工
《祖国母亲在召唤》描绘了一名女性将一把剑刺向空中的场景，这是位于亚洲之外最高的雕像。

10 **淡路观音（日本淡路岛）**
80米，1982年完工
淡路观音的译意是"世界和平巨像"，由当地商人建造，但现已年久失修。

意大利艺术家**米开朗琪罗**在罗马**西斯廷教堂**的天花板上绘制了**300多个人物**，然而最初教皇只委托他画**12个人物**。这项工程总共花费了他**4年时间**（1508—1512年）。

1998年，一个**4.2千米高**，描绘**澳大利亚原住民**打猎的图形（marree man）在南澳大利亚的地面上被发现，但它的**创作者不明**。

街头艺术家**班克西**在4米宽的画作中将英国政客描绘为黑猩猩，这幅画在2019年以**9 879 500英镑**（当时约合人民币8 553万元）的价格出售。

日本艺术家**草间弥生**在**10岁**时首次开始绘制她的"**无限网**"——大量充满波尔卡圆点的作品。

惊人的艺术

从涂鸦到名作，人们已经绘制、涂抹、雕刻和创作了数千年。才华横溢的艺术家的作品可以使人愉快、鼓舞人心，激起强大的情感共鸣。

2014年，美国艺术家**乔治亚·欧姬芙**的一幅画以**44 405 000美元**（当时约合2.68亿元人民币）的价格成交，这是有史以来女性艺术家**拍卖价格最高**的作品。

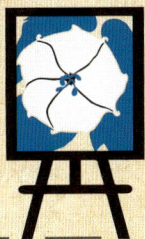

每天有**30 000人**到法国巴黎的**卢浮宫博物馆**参观意大利艺术家**列奥纳多·达·芬奇**创作的《**蒙娜丽莎**》。

一幅**油画**需要**2周**的时间才能干燥和硬化。

荷兰画家**文森特·凡·高**一生中创作了大约**2 000幅**素描和绘画，但直到**1890年**他去世后这些作品才逐渐流行。

加纳艺术家艾尔·安纳祖的作品"Gravity and Grace"是一个由**10 000多个**瓶盖制成的**11.2米**长的巨大薄片。

1940年，**4名少年**在法国拉斯科发现了一个洞穴，里面充满了**17 000年前**的**绘画遗迹**。洞壁上有包括野牛和马等大约**2 000个**史前动物的形象。

书法作为一种重要的艺术形式在中国已有**4 000多年**的历史。有**7个**基础的笔画。

日本艺术家**葛饰北斋**创作了包括《神奈川冲浪里》在内的**30 000多件**艺术作品。

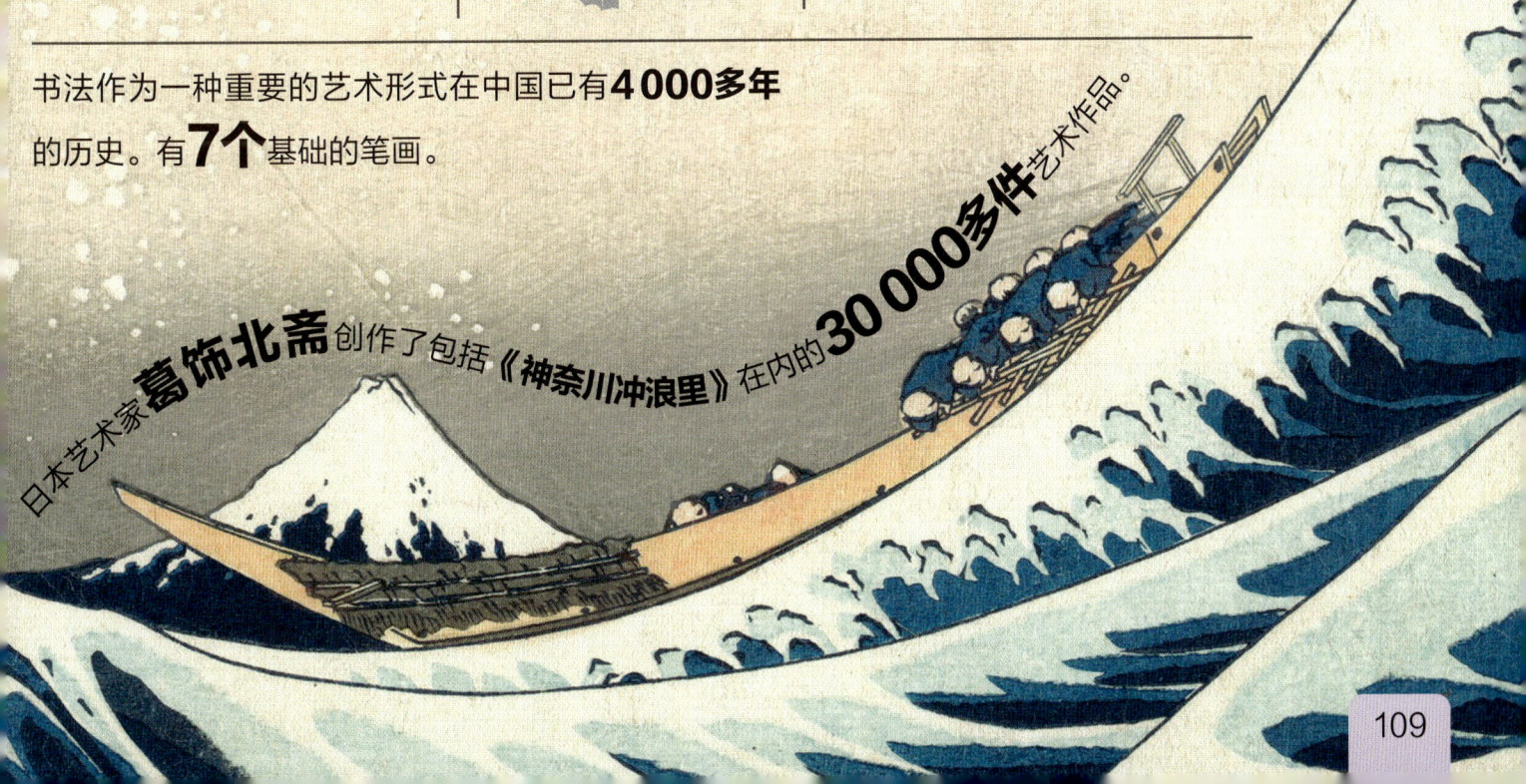

聆听音乐

数千年来，人们为了敲击节奏和演奏旋律而制造了很多乐器。如今，围绕音乐已经发展出了一个完整的产业，每年都会售出数百万张由各种艺术家制作的唱片。

钢琴键盘有**88个键**，包括**52个白键**和**36个**黑键。

一张唱片需要售出**1 000 000张**数字版或实体版才能获得美国的白金认证。

传统小提琴的琴弓由**150~200根**马尾毛制成。

2019年，**黑胶唱片**占美国所有专辑销量的**26%**。

阿道夫·萨克斯于1846年发明了**14种不同类型的萨克斯管**并申请了专利，其中有4种直到今天仍然被普遍使用。

奥布瑞·德雷克·格瑞汉在2018年推出专辑《Scorpion》，发行**第一天**就在Spotify平台上播放了**132 450 203次**。

钢琴**最高音**的键——C8在空气中**每秒振动4 186次**。

维也纳蔬菜乐团用新鲜农产品制作了**150多种**乐器，包括**南瓜鼓**和**韭菜小提琴**。

在德国发现的**骨笛**是**已知最古老**的乐器之一，这些骨笛的制作时间大约是**43 000年前**。

古典作曲家**沃尔夫冈·莫扎特**在**8岁**时创作了他的第一部交响曲，并在**12岁**时创作了他的第一部歌剧。

最大的手鼓

直径为**185.5厘米**，深**36.5厘米**。

布隆迪皇家鼓手使用**3种**类型的鼓来表演——Inkiranya、Amasharo和Ibishikiso。

韩国歌手PSY的《**江南style**》是YouTube平台上第一个浏览量超过**10亿次**的视频。

音乐会用踏板竖琴的琴弦数量多达**47根**。

2019年，**全球唱片产业总值**为**202亿美元**（当时约合1400亿元人民币）。

从2001年开始，德国的一家教堂用**管风琴演奏**约翰·凯奇的《尽可能慢》，全曲演奏完要**639年**。

钟乳石管风琴位于美国卢雷岩洞，使用橡皮尖木槌敲击**37个**不同大小的钟乳石可以产生美妙的音乐。

舞台之上

几千年以来人们一直去剧院观看演出。表演有很多种不同的形式，包括起源于古希腊的西方戏剧、中国戏曲和印度卡塔卡利舞等。

1998年，6 952名踢踏舞舞者在德国斯图加特表演了一套长达**135秒**的动作，创下了世界纪录。

英国音乐剧《歌剧魅影》最初有**130名演员和工作人员，22个可变化场景**和**230套服装**。

《捕鼠器》是伦敦西区**上演时间最长**的戏剧。自1952年以来这个谋杀谜题已经表演了**超过28 000场**，售出了超过**10 000 000张**门票。

卡塔卡利舞起源于17世纪南印度一种通过舞蹈讲述故事的表演形式，一共有**101个**古典故事。

美国作曲家**史蒂芬·桑德海姆**获得了**8次**托尼奖，是有史以来**获奖次数最多**的作曲家。

1987年，阿德里安·希尔顿朗诵了**威廉·莎士比亚**的全部作品，共花费**110小时46分钟**。

玛格丽特·休斯在1660年扮演了《奥赛罗》中的苔丝狄蒙娜。在莎士比亚去世**44年**后，她成为在莎士比亚戏剧中出场的**首位职业女演员**。

中国戏曲有**360多种**风格，京剧、越剧、黄梅戏、评剧和豫剧为**中国五大戏曲剧种**。

公元前493年，希腊剧作家普律尼科司创作的戏剧《米利都的陷落》因令观众哭泣而被罚款**1000**德拉克马（相当于当时农民2年的收入）。

1964年，芭蕾舞明星**鲁道夫·纽瑞耶夫和玛戈·芳婷**在奥地利维也纳演出的《天鹅湖》创下了谢幕**89次**的纪录。

2011年，踢踏舞大师**安东尼·莫里格拉托**在纽约一所舞蹈学校表演了踢踏速度高达**1163次/分**的踢踏舞。

2018年，中国香港举办了世界上**最大规模的芭蕾舞课**，共有**1 530名学生**参加。

截至2019年底，《狮子王》的收入达**91亿美元**（当时约合650亿元人民币），是**收入最高的音乐剧**。

埃皮达鲁斯的古希腊露天剧院最多可容纳**14 000人**。

罗杰斯和汉默斯坦合作的音乐剧《南太平洋》共赢得了**17项托尼奖**，是获得托尼奖最多的音乐剧。

电影

1895年，30多位观众在法国巴黎卡普辛大道的大咖啡馆欣赏了第一场动态影像表演。现在，每周都有数百万人涌向电影院，欣赏最新的电影。

奥斯卡小金人高**34厘米**，重3.9千克，由表面镀有24K黄金的铜制成。

1928年，米老鼠在**8分钟**电影《威利号汽船》中正式亮相。

美国女演员丽贝卡·罗梅恩在电影《**X战警**》（2000年）中扮演魔形女时，每天需要花费**8~9个小时**化妆，穿戴近**100个**假体。

位于巴西巴西利亚的CABIRIA CINE-CAFE电影院只有**24米²**，18个座位，是世界上**最小的**专用电影院。

超过**300 000名**群众演员出现在电影《**甘地传**》（1986年）的葬礼场景中。

《**玩具总动员**》（1995年）是第一部使用电脑动画技术的长篇电影。这部电影有**114 240帧**，在电脑上渲染完成一帧需要花费**45分钟到30个小时**。

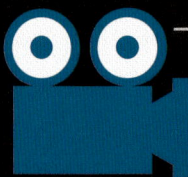

印度是世界上**最大的电影制作国**，每年可以创作**1 200多部电影**。

电影中**最高的蹦极高度**为**220米**，在《**007**》系列电影《黄金眼》（1995年中由特技演员韦恩·迈克尔其在**瑞士韦尔扎斯大坝**完成。

一部**大型工作室电影**制作和营销的平均成本为**1亿美元**（约合7亿元人民币）。

第一批制作完成的电影是**无声电影**。**1927年**，第一批**有声电影**（具有同步声音和图像的电影）才出现在电影院中。

世界上**最**大的永久性**35毫米电影银幕**位于中国苏州，

长34.6米，宽26.8米，约为**网球场**面积的**3.5倍。**

中国香港演员**成龙**是在单部电影中**担任职务最多**的人。他在电影《十二生肖》（2012年）中共担任了**15个职务。**

2005年，德国电影《**大都会**》（1927年）的原始海报以

690 000美元

（当时约合559万元人民币）的价格被拍卖。

2020年，由**2次奥斯卡奖得主**奉俊昊执导的《寄生虫》成为首部获得奥斯卡**最佳影片奖**的**外语片。**

为拍摄《**查理和巧克力工厂**》（2005年），有**40只松鼠**被训练在传送带上**分拣坚果。**

年仅10岁的美国女演员塔图姆·奥尼尔凭借出演电影《纸月亮》（1973年）赢得**1974年奥斯卡最佳女配角奖。**

动画师需要给《怪兽电力公司》中的角色萨利绘制**230万根毛发**。每一帧平均需要

12个小时

才能完成。

《指环王》三部曲（2001—2003年）共制作了**19 000套服装、48000件盔甲**和**3600多只**霍比特人的脚和耳朵。

特里是在《绿野仙踪》（1939年）中扮演"托托"的**小狗**，它的报酬

是**每周125美元**

（约合870元人民币），比一些人类演员的报酬还多。

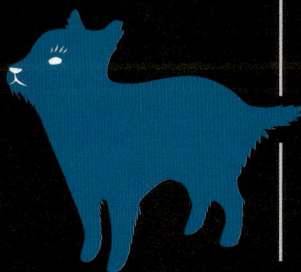

《**星球大战**》系列电影中丘巴卡的声音是由**5种不同的动物**（熊、海象、狮子、海豹和獾）的叫声混合在一起创造而成的。

单人运动

有许多运动项目需要一对一进行对抗，如网球和摔跤等。而在自行车和田径等运动项目中，运动员们则各自竞争，争夺最高奖项。单人运动通常是对力量、准确性和策略的综合考验。

乒乓球仅重**2.7克**，是所有球类运动中最轻的球。

根据飞镖规则，飞镖盘的**靶心**必须宽**12.7毫米**，悬挂高度距地面**1.73米**。

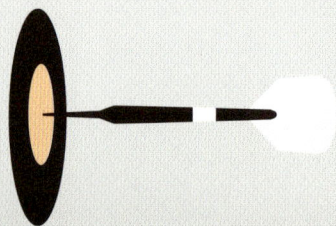

一级方程式赛车手在**大奖赛期间**体重可能会**减轻**多达**4千克**。

体操运动员在只有**10厘米宽**的**平衡木**上进行令人印象深刻的双腿起跳、单腿起跳和旋转动作。

击剑比赛会使用**3种不同的武器**——花剑、佩剑和重剑。

斯诺克会使用包括白色母球在内，**8种不同颜色的22个球**。

1981年至1986年间，巴基斯坦选手**贾汉吉尔·汗**连续夺得了**555场**壁球比赛的冠军。

在槌（chuí）球中，**铁环门仅仅比球宽0.15~0.45厘米。**

1977年至1987年间，美国运动员埃德温·摩西连续获得了**122场400米跨栏比赛冠军**，是田径界有史以来**最长的连胜纪录。**

1932年洛杉矶奥运会3000米障碍赛决赛中，由于裁判员计数失误，运动员们不得不**多跑一圈。**

在1904年圣路易斯奥运会上，美国体操运动员乔治·艾塞尔戴着**木制的假腿**赢得了**6枚奖牌。**

有史以来持续时间**最长的网球比赛**是2010年在英国温布尔登举行的。约翰·伊斯内尔和尼古拉斯·马胡对战183局，共耗时**11小时5分钟。**

在**短道速滑比赛**中，运动员的速度可达到**45千米/时。**

传统的**羽毛球**由装在软木底座中的**16根鹅毛**组成，质量仅为**5克。**

美国游泳运动员特里沙·佐恩是**获得奖牌最多的残奥会选手**，共获得了**41**枚金牌、**9**枚银牌和**5**枚铜牌。

每年有超过**54 250个网球**储存在**20℃**下，并在英国**温布尔登**网球锦标赛中使用。

2012年，**12岁的**汤姆·沙尔成为在滑板上完成**1080度转体**动作的第一人。

2012年澳大利亚运动员山姆·格罗斯创造了男子**网球发球**速度的世界纪录——**263.4千米/时。** 西班牙选手乔治娜·加西亚·佩雷斯在**2018年**创造了女子发球纪录——**220千米/时。**

在1912年斯德哥尔摩奥运会上，一场古典式摔跤比赛持续了**11小时40分钟。** 现在的比赛时间会控制在每回合**2分钟。**

在1928年阿姆斯特丹奥运会赛艇比赛中，虽然澳大利亚运动员鲍比·皮尔斯在中途停下来让**一排鸭子**通过，但他仍然以**29秒**的优势赢得了比赛。

团队运动

最受欢迎的运动很多都是以团队形式进行的。从冰壶的4名运动员到澳式橄榄球的18名运动员，不同运动中每支队伍的上场人数也会不同。

费城勇士队的威尔特·张伯伦在**1962年**的美国**职业篮球联赛（NBA）**中，达成了**49分钟**内获得**100分**的世界纪录。

美国职业棒球大联盟**（MLB）**中每支球队在例行赛中要打**162场**比赛。每年美国职业棒球大联盟的比赛总场次为**2430场**。

排球发明于**1895年**，最早被称为"Mintonette"（小网子）。

在**水下曲棍球**比赛中，每队**6名水下队员**争抢、推动泳池底**1.2~1.5千克**的铅制扁圆球，并试图将球打入对方球门。

俄罗斯**冰球**运动员丹尼斯·库利亚什在2011年打出了史上最快的冰球**射门**速度，高达**177.5千米/时**。

在**2018年俄罗斯世界杯**西班牙对阵俄罗斯的比赛中共传球**779次**，平均**每分钟有8.5次传球**。

在1960年**7人制**球队成为标准之前，就已经有**5人制**和**9人制**的**无挡板篮球**了。

冰壶比赛中使用的**石制冰壶**的质量大约是**20千克**。

1939年，南非和英格兰之间的板球比赛在**12天**内共进行了**1 981回合**，创造了**最长板球对抗赛**的纪录。

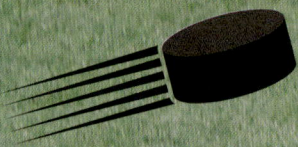

美国职业棒球大联盟使用的棒球需用**223.5厘米**长的红线**手工缝制108针**。

日本橄榄球运动员**大畑**（tián）**大介**保持着测试赛的世界纪录——在**58场**比赛中共**得分69次**。

位于锡利群岛的**2支球队**组成了世界上最小的**足球联赛**，每年会进行**18场联赛**和**2场杯赛**。

2015年，美国人帕特里克·卢尔森在美国伊利诺伊州创下了最快的**棍网球**击打速度，高达**192.96千米/时**。

2019年法国女足世界杯中，巴西球员克里斯蒂安妮·罗塞拉在对阵牙买加的比赛中踢进**3球**。

在**水球**比赛中，每支球队在射门前最多可以持球

30秒。

在2010年温哥华冬奥会上，**斯洛伐克女子冰球队**平均每**44秒**打进一球，以**82：0**的比分最终击败保加利亚。

2006年，俱乐部支付**15千克**香肠作为罗马尼亚足球后卫马吕斯·乔亚拉的转会费。

10位顶级奥运选手

迈克尔·菲尔普斯 美国
游泳·28枚奥运奖牌（23金，3银，2铜）
迈克尔·菲尔普斯是获得金牌和奖牌数最多的奥运选手。
他在2008年北京奥运会上赢得了8枚金牌，创造了单届奥
运会夺取金牌数最多的世界纪录。

1

2 拉里莎·拉特尼娜 苏联
体操·18枚奥运奖牌（9金，5银，4铜）
拉里莎·拉特尼娜保持着体操运动员中金牌数最多的纪录。

3 玛莉·比约根 挪威
越野滑雪·15枚奥运奖牌（8金，4银，3铜）
作为五届奥运会选手，玛莉·比约根是历史上获得奖牌最多的冬
奥会选手。

4 尼古拉·安德烈安诺夫 苏联
体操·15枚奥运奖牌（7金，5银，3铜）
在1976年蒙特利尔奥运会上，尼古拉·安德烈安诺夫在参加的8
项比赛中共获得了7枚奖牌，其中包括4枚金牌。

5 奥勒·埃纳尔·比约恩达伦 挪威
冬季两项·13枚奥运奖牌（8金，4银，1铜）
冬季两项运动员奥勒·埃纳尔·比约恩达伦在2018年退役前，
每年会训练900~1000小时。

6 鲍里斯·沙赫林 苏联
体操·13枚奥运奖牌（7金，4银，2铜）
鲍里斯·沙赫林的个人强项是鞍马。他在1960年罗马奥运会上
获得了7枚奖牌。

7 埃多阿尔多·曼贾罗蒂 意大利
击剑·13枚奥运奖牌（6金，5银，2铜）
埃多阿尔多·曼贾罗蒂赢得第一枚奥运会金牌时只有17岁，是
意大利有史以来获得奖牌最多的奥运选手。

8 伊琳·维斯特 荷兰
速度滑冰·13枚奥运奖牌（6金，5银，2铜）
伊琳·维斯特是冬奥会上最成功的速度滑冰选手，也是唯一一位
连续五届奥运会获得个人金牌的运动员。

9 小野乔 日本
体操·13枚奥运奖牌（5金，4银，4铜）
小野乔于1998年入选国际体操名人堂。

10 帕沃·鲁米 芬兰
田径·12枚奥运奖牌（9金，3银）
1924年，帕沃·鲁米成为首位在一届奥运会上赢得5枚金牌的运
动员。

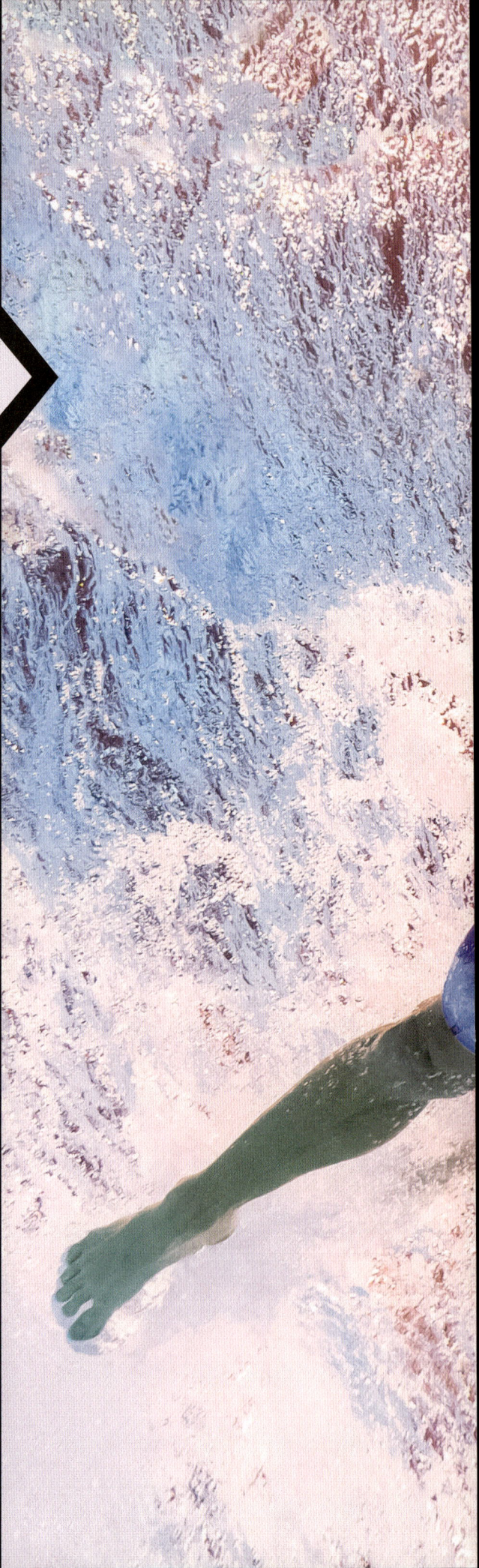

文字

文字使新的想法、故事和说明能够与他人分享。文字通过各种方式出版，包括从书籍到报纸再到在线杂志。

公元前105年，中国人蔡伦大量生产**纸**并推广应用。

1817年，**年仅19岁**的英国作家**玛丽·雪莱**创作了最早的**科幻小说**《弗兰肯斯坦》。

美国商人比尔·盖茨花费**30 802 500美元**（当时约合2.6亿元人民币）购买了列昂纳多·达·芬奇的**72页**《**莱斯特手稿**》，使其成为世界上**最昂贵的图书**。

印度作家维克兰特·马哈扬在2016年签售了**6 904本**《是的，谢谢你宇宙》，创下了**单次活动签售最多**书籍的纪录。

一首日本俳（pái）句有**17个字音**，由分别在三行中的**5个**、**7个**和**5个**字音组成。

美国作家西奥多尔·盖泽尔，又名**苏斯博士**，他的作品《绿鸡蛋和火腿》（1960年）只用了**50个不同的单词**，并赢得了出版商**50美元的赌注**（当时约合123元人民币）。

坐落在东京银座的**盛冈书店**，**每周仅售1种书**。

世界上最小的书《萝卜城的小特德》的尺寸是**0.07毫米×0.10毫米**，共有**30页**，只能借助**强大的扫描电子显微镜**来阅读。

大约**4000年前**，苏美尔的《**吉尔伽美什史诗**》被记录在了泥板上。

1901年，英国作家**碧翠克丝·波特**只印刷了**250本**《彼得兔的故事》，但这本书之后的销量却超过了**45 000 000册**。

现在全世界有**86%**的成年人可以读写，而1960年这个比例仅为**42%**。

2012年，葡萄牙印刷了**3 000份**世界上最小的报纸，每份仅重**1克**。

五行打油诗

（limerick poem）

有**5行**，通常**第1行**、**第2行**和**第5行**是押韵的。

美国国会图书馆每天增加约**10 000件**新藏品。

埃塞俄比亚一个移动的"骆驼图书馆"用**21头骆驼**将200本书运送给33个孤立村庄的儿童。

《**哈利·波特**》系列图书已经在全球售出超过**5亿册**，把它们排成一排可以**绕地球超过16圈**。

吉尼斯世界纪录中最长的**图书链**长度是**12 000米**。

美味的食物

人类需要吃食物来生存，但我们吃东西并不仅仅为了生存。从芝士比萨到美味的甜点，人们已经学会了如何制作成千上万种菜肴来使饮食成为一种乐趣。

世界上**最大的比萨**在2012年被制作出来，占地**1 261.65米²**，面积约为篮球场的**2.5倍**。

压碎大约**140 000只**胭脂虫才能制造1千克**E120红色素**，其主要用途是给一些果酱和糖果等食物着色。

任何携带榴莲乘坐新加坡地铁的乘客都将面临**500新加坡元**的罚款（约合2650元人民币）。

榴莲非常臭。

2019年，法国切西镇制作出了最大的水果沙拉，重达**10 340千克**。

种植**1千克大米**需要使用大约**2 500升水**。

世界上培育出来的**最长的胡萝卜**达**6.25米**。

2019年，加拿大温哥华**LA CASA GELATO冰激凌店**创下了提供咖喱味、烤大蒜味和巧克力培根味等**238种口味冰激凌**的纪录。

1900年，在法国巴黎举行的市长宴会上，大约有**3 500名**厨师和**21 870名**服务员为22 295人准备和提供菜肴。

2022年，英国人道格拉斯·史密斯一次性收获了**5 891个**西红柿，创造了**单株西红柿收获最多**的世界纪录。

制作**1千克**奶酪大约需要**10升牛奶**。

2019年，全球共消费了**106 420 000 000份**方便面。

已知世界上最古老的**食谱**起源于**美索不达米亚**地区，有大约**3 700年**的历史。它包含了**25种炖菜食谱**，并记录在**3个泥板**上。

白松露是最昂贵的**食用真菌**，通常每千克价格高达**2 200英镑**（约合1.7万元人民币）。

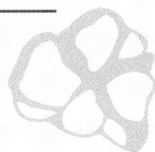

芬兰餐厅**KUAPPI**是世界上**最小的餐厅**，店内只有一张可容纳**2位客人**的桌子。

14%的食物会在收获和销售环节中被**浪费**掉。

在美国，**感恩节晚餐**会消费近**46 000 000只火鸡**。

来自格陵兰岛的一种名为**基维亚克**的食物是将多达**500只**小海燕缝在海豹皮内，并发酵**3~18个月**制成的。

165 000朵藏红花才能生产**1千克藏红花香料**。

1968年，通过搭乘**探测器5号**太空探测器，**2只陆龟**成为第一批绕月球的生物。

猫的骨架有**244块**骨头，比成年人类多**38块**。

世界上**舌头最长的狗**是一只名叫BRANDY的拳师犬。它的舌头长**43厘米**，大约是**2只小狗**的长度。

全球仅有约**3 900只**野生老虎，但在美国却有超过**5 000只**老虎被当成宠物饲养。

2019年，**意大利人**饲养了**12 880 000只宠物鸟**，是欧洲饲养宠物鸟最多的国家。

关于宠物

几千年来，人类为了娱乐身心和获得陪伴会饲养各种形态和大小的宠物。狗可能是第一批被饲养的宠物，从那以后已经有数百种不同的动物进入人类的家庭。

猫的听力是人的**3倍**以上。

娜拉是一只被领养的猫，在Instagram上有近**500万**粉丝。

冈瑟四世是一只德国牧羊犬，由于它的父亲在**1992年**继承了德国伯爵夫人卡洛塔·利本斯坦的全部财富，因此它拥有**3.75亿美元**（约合26亿元人民币）的私有财产。

许多人认为金鱼只有**7秒**的记忆，但实验证明它们可以记住信息长达**5个月**。

989年，一只年老的**英国獒犬**佐尔巴以**155.6千克**的体重打破了纪录，成为世界上**最重的狗**，比2个成年人还重。

仓鼠有**24种**，但通常**只有5种**会被当作宠物饲养。

兔子**跳高的纪录**是**99.5厘米**，这项纪录是在1997年创造的。

2011年，名叫Abbie Girl的卡尔比犬在美国加利福尼亚州圣地亚哥附近**107.2米**高的**海浪**中冲浪。

一只叫冰球的虎皮鹦鹉可以说**1728个**不同的单词，是所有鸟类中最多的。

虎皮鹦鹉的身上有多达**3000根羽毛**。

2019年，欧洲人在**宠物食品**领域消费了**210亿欧元**（当时约合1641亿人民币）。

兔子的牙齿永远不会停止生长，每年生长约**12厘米**。

俄罗斯是**2280万只**宠物猫的家园。

在**法国**，大约有**220万只爬行动物**被当作宠物饲养，比欧盟其他国家都要多。

历史

古埃及

建立在尼罗河畔的古埃及有将近3 000年的历史，一直是世界上最伟大的文明之一。它由历代法老们统治，埃及人认为法老是连接人和神之间的纽带。

古埃及人崇拜**2 000多位**不同的神灵。

古埃及的**一周**有**10天**。

制作用来保存尸体的**木乃伊**需要花费大约**70天**的时间。

古埃及农民观察到以农业生产为核心的**3个季节**：**泛滥季、生长季和收获季**。

有**11位法老**叫作拉美西斯，意思是"太阳神（拉）之子"。

由于**猫神巴斯泰托**的原因，在古埃及猫通常被看作神圣的动物，并经常被制成木乃伊。一个坟墓会埋藏超过**80 000个**猫木乃伊。

图坦卡蒙在成为法老时只有8~9岁。他在**19岁**时去世。

埃及人相信一个人**来世**也需要**胃、肝、肠和肺**。因此在制作木乃伊的过程中，它们被**取出并储存**在4个卡诺匹斯罐中。

位于吉萨的**斯芬克斯狮身人面像**是一个由人面和狮身组成的神话生物的雕像。它长73米，高**20米**。

图坦卡蒙被安葬在3层嵌套棺椁中最里面的棺材内，这个棺材由重**110千克**的黄金制成。

埃及的书写系统——**象形文字**由大约**700个**不同的图片符号组成。

一本古老的**埃及医学文稿**中包含了大约**700个咒语和药品**。

大金字塔是地球上最大的石结构建筑之一，占地面积约**200个**网球场那么大。

在**图坦卡蒙**上千件**陪葬品**中，有一辆战车、**130根**手杖、一箱回旋镖和2个喇叭。

这座镀金的木制守护雕像是在年轻的法老**图坦卡蒙**的坟墓中发现的**5000件**物品之一。

马克西穆斯竞技场是罗马的一个战车竞技场，长621米，可容纳**150 000名**观众。

罗马人建造了超过**400 000千**的道路，其中有**80 000千米**用**砖石铺设**。

最大的罗马战舰长55米，可以运载**120名**士兵，由**300名**划桨手提供动力。

罗马帝国的**西半部**在公元476年被**日耳曼人**占领，但东罗马帝国继续统治了**977年**。

一个罗马军团大约由**6 000人**组成。

在罗马神话中，刻耳柏洛斯是一只**三头犬**，守卫着**冥界**的入口。

罗马步兵被称为军团兵，**8名军团兵**组成一个共账小队，**10个共账小队**组成一个百人队，**6个百人队**组成一个大队，**10个大队**组成一个军团。

据传说，罗马由被一匹母狼抚养长大的双胞胎兄弟**罗慕路斯**与**雷穆斯**于**公元前753年**建立。

古罗马

罗马被认为是世界上第一个拥有**1 000 000位居民**的城市。

公元193年至476年，**59位罗马皇帝**中有**32位**在任期内被谋杀。

古罗马人通过强大的军队建立了一个北起不列颠、南至埃及的庞大帝国。在公元2世纪最全盛的时期，它从东到西延绵了4 000千米。

尤利乌斯·恺撒为使新日历与**太阳年**保持一致，给**公元前46年**增加了**额外的天数**，因此这一年共有**445天**。

罗马帝国在极盛时期拥有**6500万**人口。

一个罗马军团兵可以在携带一柄长剑、一支长矛和**40千克**装备的情况下每天**行军30千米**。

罗马**最大**的公共浴场**卡拉卡拉浴场**拥有**50个熔炉**，每天燃烧超过**8吨**木材。

罗马斗兽场于**公元80年**开放，并持续比赛了**100天**。

卡皮托立冈三神指的是天堂的统治者**朱庇特**、母性之神**朱诺**和智慧女神**密涅瓦**。

古代中国

中国最早由许多彼此交战的部族和小国组成，直到公元前221年由秦始皇统一。帝制持续了将近2000年，直到1912年辛亥革命令末代皇帝退位。

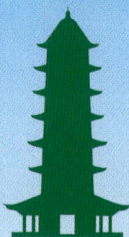

秦始皇陵建于公元前247年至前208年。1974年，有着**2000多年**历史的秦始皇陵在农民挖井时被发现。

位于开封的**13层铁塔**始建于**1049年**，历经**37次地震**、**18次大风**、**15次水患**仍然屹立不倒。

海军将领郑和曾**七次下西洋**。第一次航行在1405年，郑和率领**62艘**巨大的**宝船**和**27 800人**到达了现今越南、印度和斯里兰卡等地。

长城的部分区域高达**8米**，厚达**7.5米**。

据统计，**乾隆皇帝**（1711—1799）一生中写了**42 000多首诗**。

武则天是中国历史上唯一的**女皇帝**，从690年至705年统治了**15年**的时间。

1908年，**未满3岁**的溥仪成为中国末代皇帝。

中国的**长城**从公元前3世纪至公元17世纪一直在不断地建造，目前的总长度是**21 196千米**。

全长**1794千米**的京杭大运河是世界上**最长的人工运河**。

火药，也被称为黑火药，是9世纪时在**中国发明**的。它通过**混合**木炭、硫黄和硝石这3种物质制成。

北京故宫占地约**720 000方米²**，是伦敦**白金汉宫**的**4倍**。

从742年到1100年间，中国人口**翻了一番**，达到**1亿多人**，成为世界上人口最多的国家。

记录中国传统知识的《永乐大典》于**1403年**开始编纂，直到1408年全书完成，共**22 877卷**，**11 095册**。

纸最初由中国发明，比欧洲开始生产纸张早了**1 000年**。

北京故宫是由约**1 000 000名工人**参与建造的，占城约**72万米²**，且周围环绕着**52米宽**的**护城河**。

清朝的**康熙帝**在位**61年**（1661—1722），是中国在位时间**最长**的皇帝。

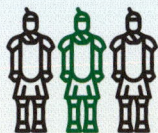

秦始皇墓室中的兵马俑包含了**8 000**多个用**陶土**制成的真人大小的士兵、马匹和战车。

阿兹特克人使用**可可豆**作为**货币**。一只兔子的价格大约是**10可可豆**，一头骡子的价格大约是**50可可豆**。

建于**1325年**的**特诺奇蒂特兰**是阿兹特克帝国的**首都**，占地**13千米²**。

位于特诺奇蒂特兰中心的**祭祀众神**的寺庙**60米**高，相当于**14辆**双层巴士的高度。

1521年，西班牙征服者**围攻**了特诺奇蒂特兰**117天**，在阿兹特克人投降之前就**摧毁**了这座城市的大部分地区。

阿兹特克人用**二十进制**计数，他们用**点和线**来表示数字**1~19**，用**旗帜**形状表示**20**，用**羽毛**来表示数字**400**。

阿兹特克人信仰**200多位神**。

阿兹特克火神修库特里的仪式面具是用数千块**绿松石**和**7颗贝壳**制成的。

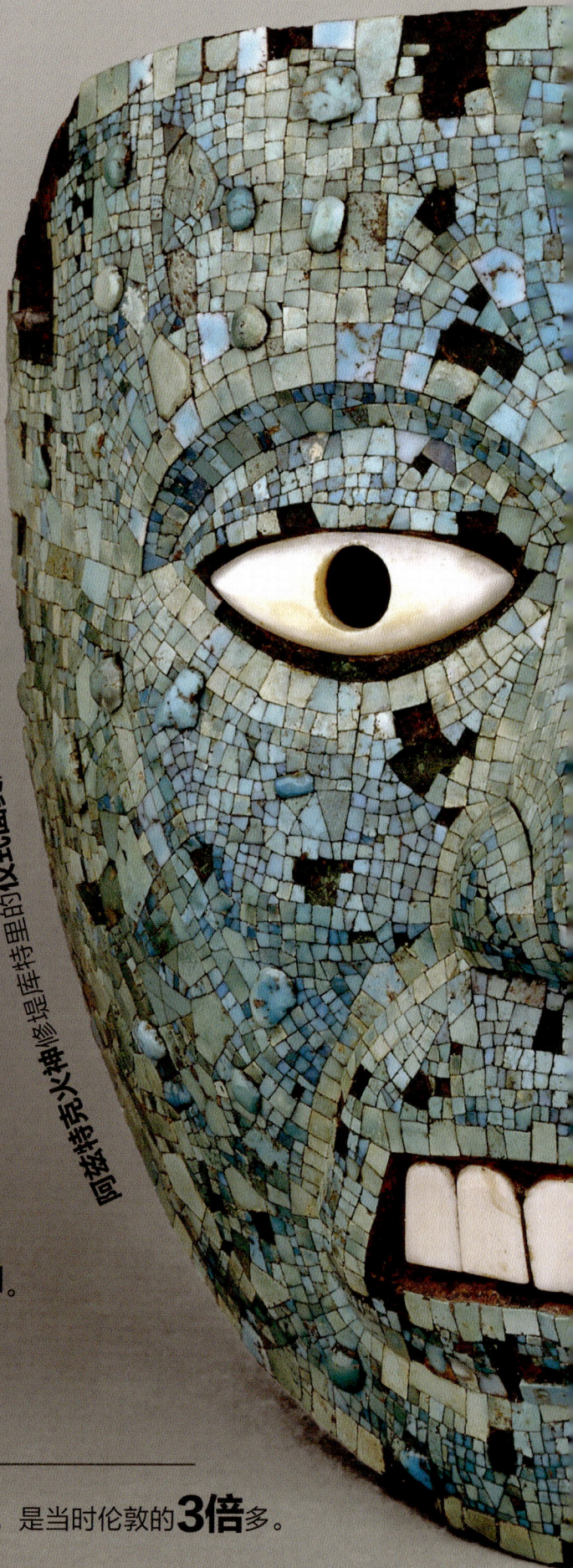

1500年，特诺奇蒂特兰的人口约为**200 000人**，是当时伦敦的**3倍**多。

阿兹特克和印加

14世纪和15世纪，阿兹特克帝国在中美洲地区蓬勃发展，而印加帝国沿着安第斯山脉绵延4000千米。这两个伟大的文明都被16世纪初到来的西班牙士兵所摧毁。

在16世纪20年代的极盛期，**印加帝国占地约2 000 000千米²**，是英国面积的8倍多。

建于**15世纪**中叶的**马丘比丘**是一座巨大的印加城市，包含约**200**个建筑物和**3 000**多级石阶。

印加帝国的人口在巅峰时期接近**1200万人。**

印加人为了在他们的**广阔领土**上互相联系，修建了长达**39 000千米**的道路。

大约**80%**的原住民**死于来自欧洲的疾病**，例如天花，因为他们**没有对应的免疫力。**

要塞和城堡

在世界各地，用石头、砖块和木材建造在高处的据点和堡垒，一般都用来保护定居点和周围的领土免受攻击。同时它们也是国王、王后、贵族等重要人物的住所。

自1707年以来，**熊**一直被饲养在有着**800年**历史的捷克**克鲁姆洛夫城堡**周围的护城河中。

波兰的**莫斯纳城堡**拥有**365个房间**和**99座塔楼**。

位于英格兰北部的**阿尼克城堡**曾被**41部电视节目和电影**取景，比如**《哈利·波特》**系列电影的前两部中的**霍格沃兹城堡**。

威尔士的**哈莱克城堡**被围困了**7年之久**（1461—1468年），直到守卫它的**50人**部队向**爱德华四世国王**的**10 000人**军队投降。

日本的**寺庙堡垒**——本愿寺在围攻中**守城10年**（1570—1580年）。

南非五边形的**好望角城堡**建成于**1679年**，有一座敲响后在**10千米**外都能听到的钟。

1920年，在罗马尼亚**布朗城堡**的翻新过程中，人们在壁炉后面发现了一条有**532年**历史的被遗忘的**秘密通道**。

英国温莎城堡950多年来一直是**英国王室**的家族城堡，它拥有超过**1 000个房间**和**300个壁炉**。

印度的吉多尔格尔堡有84个蓄水池和水井，可储存**4 000 000 000升水**，使居民能够在**长期围困**下生活。

在美国佛罗里达群岛建造的杰佛逊堡使用了**超过16 000 000块砖**。虽然堡垒建造了**30多年**，但堡垒**从未完工**或被武装使用。

世界上最大的城堡是波兰的**马尔堡城堡**。这座建于13世纪的城堡占地**210 000米²**，曾经是**3000名骑士**的家园。

斯洛文尼亚的**普利雅玛城堡**建在位于**123米**高的悬崖上的**14千米**长的洞穴中。

贡珀尔格尔堡拥有世界上**最长的堡垒城墙**，长**36千米**，厚**5米**。

在英国苏格兰的**爱丁堡城堡**遭受了**23次围攻**。最短的一次围攻发生在1639年，城堡在**30分钟内**被占领。

在**15世纪**，**秘鲁印加人**在缺乏轮子、起重机以及铁制工具的情况下，仍然可以切割并运输超过**100吨**的石块来建造萨克赛华曼堡垒。

朝鲜半岛有超过**2 400个**山城，它们都是古老的山地要塞。

1869年，新天鹅城堡开始施工，成为第一座包括**现代中央供暖、电话和发电机**的城堡。

日本的姬路城有80多座建筑和一座46米高的**天守阁**。

在8世纪，早期的伊斯兰国家组成了世界上**最大的帝国之一**，疆域绵延**8 000千米**。

从**610年**开始，伊斯兰教的圣书**《古兰经》**通过大天使吉卜利勒**传授给先知穆罕默德**。在先知穆罕默德传教的**23年间**，《古兰经》共形成了**114章**。

在**1000年**左右，宰赫拉威完成了**《医学宝鉴》**的写作。它共**30卷**，内容包含了**200种不同手术器械**的图纸和相关描述。

奥斯曼帝国于1299年在土耳其建立，共持续了**623年**。

1453年，穆罕默德二世通过**55天的围攻**征服了君士坦丁堡。它后来被称为伊斯坦布尔，并成为**奥斯曼帝国**的首都。

倭马亚王朝的哈卡姆二世在西班牙科尔多瓦建立的**图书馆**收藏了超过**400 000本图书**。

1590年，阿巴斯一世将**萨法维王朝的首都**迁至伊斯法罕（在今天的伊朗）。该市有**162座清真寺**、**48所学校**和**250多个公共浴池**。

苏丹艾哈迈德清真寺有**9个主圆顶**，被**6个尖塔**所环绕。

伊斯坦布尔的**苏丹艾哈迈德清真寺**也被称为**蓝色清真寺**，因其装饰内部的**20 000多块**蓝色瓷砖而得名。

奥斯曼的**乌尔班巨炮**于1464年制造，重达**16.8吨**，可以发射直径**63厘米**的炮弹。

1501年，**年仅14岁**的伊斯玛仪一世被宣布成为波斯（今伊朗）的国王，开启了一个**新的统治王朝——萨法维王朝**。

伊斯兰世界

从7世纪开始，伊斯兰教从中东开始传播，进入欧洲、非洲和亚洲的部分地区。伊斯兰军队征服了新的土地，帝国得以扩张，科学、艺术和建筑也蓬勃发展。

1444年，穆拉德二世放弃王位，任命他的儿子，**12岁**的穆罕默德二世为新统治者。

土耳其人在15世纪使用**新月和星星**作为标志，现今已成为伊斯兰教的象征。**五角星**反映了伊斯兰教被称为**5大支柱**的5项义务。

1595年登位后，**穆罕默德三世**为了防止被篡位而**处死**了他的**19个兄弟**。

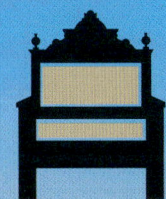

奥斯曼帝国在位时间最长的是**苏莱曼一世**，在位**45年11个月**。他于**1566年**去世，并在长达**48天**的时间里对他的士兵隐瞒死讯。

大约900名园丁照顾托普卡帕宫周围**12个花园**中的植物，这里是奥斯曼帝国统治者在现在的伊斯坦布尔的主要住所。

共有**36位苏丹**统治奥斯曼帝国，从**奥斯曼一世**开始，到**穆罕默德六世**结束。

中世纪的非洲王国

非洲在其漫长的历史中一直是众多强大王国和帝国的所在地。通过建立和扩大贸易路线，中世纪非洲的许多王国积累财富并将影响力扩张到非洲大部分地区及非洲之外。

阿尔及利亚巴盖伊的一座**2.7米**高的雕像用于纪念**迪哈**，她是当地原住民阿马齐格人的**战士女王**，曾在**7世纪**时**击退**了入侵的阿拉伯军队。

在中世纪，骆驼商队会携带重达**90千克**的**盐块**穿越撒哈拉沙漠。

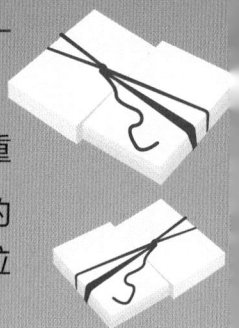

在**大津巴布韦**建造的**大围场**使用了大约100万块石头。

曼萨·穆萨是1312年至1337年的**马里帝国国王**，据说是有史以来最富有的人。他的**财富**来自黄金和盐的贸易，大约有**4 000亿美元**（约合2.8万亿元人民币）。

在1324年前往**麦加朝圣**时，曼萨·穆萨的商队包括大约**60 000名男子**和**80头骆驼**，每头骆驼驮着重达**136千克**的黄金。

1464年至1492年由桑尼·阿里统治的**桑海王国**发展成为面积超过**1 400 000千米²**的大国。

15世纪时，位于廷巴克图（现在的马里）的**桑科雷大学**有**25 000名学生**。

杰内大清真寺的**3座塔楼**的塔顶上都有一个象征着繁荣的**鸵鸟蛋**。

杰内大清真寺的墙壁是使用**河泥**建成的，厚达**40~60厘米**。

14~15世纪时非洲规模**最大的图书收藏地**是桑科雷大学图书馆，里面收藏了**400 000~700 000本书**。

1938年在尼日利亚发现了**18个青铜头像**。它们由12~15世纪生活在伊费的约鲁巴人制作，主要描绘了国王和其他重要人物。

奥巴·奥佐鲁阿（1483—1514）是贝宁帝国**五大勇士国王**中的第二位，据说他赢得了**200场战役**。

传说**阿斯基亚大帝**（1443—1538）在前往**麦加朝圣**时向穷人分发了大约**100 000块黄金**。

贝宁王国于**1460年**左右建立，被**16 000千米**长的泥土城墙包围。

在位时间最长的10位君主

1 路易十四　法国
72年（1643—1715年在位）
路易十四出生于1638年，4岁时继承了父亲路易十三的法国国王之位，被尊称为"太阳王"。他统治着一个绝对的君主制国家，成为拥有着无限权力的最高权威。

2 伊丽莎白二世　英国和英联邦
70年（1952—2022年在位）
伊丽莎白二世是20世纪在位时间最长的君主，统治着英国及其他15个英联邦领土。

3 普密蓬·阿杜德　泰国
70年（1946—2016年在位）
普密蓬是一位受欢迎的现代国王，享年88岁。他曾任命过30位总理。

4 约翰二世　列支敦士登
70年（1858—1929年在位）
约翰是一个安静的统治者，热爱艺术。他被称为"好人约翰"，因为他支持了很多有价值的事业。

5 巴加尔二世　帕伦克王国
68年（615—683年在位）
帕卡尔在12岁时登上王位，统治位于现代墨西哥帕伦克市的王国并扩大了其影响力。

6 弗朗茨·约瑟夫一世　奥地利（自1848年起）和匈牙利（自1867年起）
67年（1848—1916年在位）
在弗朗茨·约瑟夫统治期间，他参与了包括开启第一次世界大战在内的欧洲重大政治事件。

7 君士坦丁八世　拜占庭帝国（共同统治者）
66年（962—1028年在位）
君士坦丁与其兄共同统治拜占庭帝国，他在生命的最后3年成为拜占庭唯一的皇帝。

8 拉美西斯二世　古埃及
66年（公元前1279—公元前1213年在位）
他也被称为拉美西斯大帝，他是埃及统治者中建造纪念碑最多的人，其中包括阿布辛贝神庙。

9 巴西尔二世　拜占庭帝国（共同统治者）
65年（960—1025年在位）
作为一名优秀的军事和行政领袖，巴西尔统治时期是拜占庭帝国的黄金时代。

10 费迪南多一世　西西里王国
65年（1759—1825年在位）
费迪南多统治着两个王国——那不勒斯和西西里。他在位期间面临着战争、革命和起义。

此列表仅涵盖独立国家的统治者。其中不包括古埃及国王佩皮二世，因为他的在位年份尚不明确。

时尚潮流

从紧身胸衣到洞洞鞋，从腰带到短裤，不同时代的服装既怪异又美妙，既有实用性又有保护性。时尚让人们能够表达自己的身份，展现社会地位，甚至与他们的国家做斗争。

中世纪的一套**金属板甲**重**25~30千克**。

在14世纪和15世纪流行的**尖头鞋**（crakow），其尖头可以从脚趾处延伸**24厘米**。

每年要为法国皇后**玛丽·安托瓦内特**（1755—1793）制作**300件**连衣裙。

欧洲**15世纪**的尖塔似的**希南帽**高约**1米**。

1873年，雅各布·戴维斯和李维·斯特劳斯为经典的**蓝色牛仔裤**申请了专利，并将其作为矿工的**工作服**。**第一条**牛仔裤的售价是价值**6美元**（约合35元人民币）的**金粉**。

在罗马帝国，**托加长袍**由半圆形的长布料组成，长约**5.5米**，宽达**2.75米**。

5000年前，地位高的埃及人**剃光头、戴假发**，以保护他们免受阳光和头虱的伤害。

在**16世纪**的**威尼斯**流行**50厘米**高的女士厚底鞋（chopine）。这可以保护她们的衣服不被泥浆弄脏，并展示她们的**地位**。

巨大的**克里诺林裙**由铁笼支撑，直径可达**5.5米**，在**19世纪60年代**的欧洲很流行。

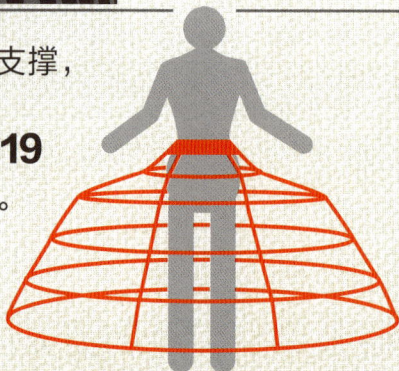

来自新西兰的艾琳·斯帕克斯是**收藏领带数量最多**的人，收藏了**21 321条**领带。

1946年，法国设计师路易斯·里尔德发明了**比基尼**，整套服装仅使用**0.02米²**的面料。

2018年，全球共售出**45亿**条牛仔裤。

在**第一次世界大战**期间，由于棉花严重短缺，一些德国士兵的**制服**由**15%**的棉花和**85%**的荨麻纤维制成。

首次出现在**8世纪**的日本贵妇的**"十二单"**一般由**5~12件**衣服组合而成。

在**1747年至1782年**间，英国法律规定穿着**苏格兰裙**或其他苏格兰传统服装将会被判处**6个月监禁**。

高跟鞋最早由**10世纪**的**波斯骑兵**所穿。跟高约**2.5厘米**，有助于骑兵将靴子放在马镫（dèng）里。

拉夫领是16世纪欧洲人穿戴的颈部装饰。最大的皱领有**30厘米宽**，包含多达**600个褶皱**。

走近战争

古往今来，人们拿起武器来解决争端或占领土地。包括20世纪两次世界大战在内等诸多战争都曾改变历史。

镰刀战车将**1米**长的**金属叶片**安装在车轮上，在约**2500年前**印度和波斯的战斗中首次被使用。

13世纪的**蒙古勇士**，拉弓射箭可以击中

320米 外的

目标。

1429年，**年仅17岁的圣女贞德**率领**法国军队**解救了被英国人**围困**的奥尔良。

根据传说，**公元前490年**的**马拉松战役**后，一名信使为了向雅典人民传达击败波斯人的消息而跑了**40千米**。

919年，在中国敌对的吴越国和吴国之间发生的狼山江之战中，超过**400艘船**被乘势**纵火摧毁**。

1066年，来自法国北部的诺曼人率领**2000~3000名**骑兵击败英国军队，**征服了英国**。

在1422年围攻**卡尔什特因城堡**（位于现今捷克）期间，攻击方使用投石机**将2 000担动物粪便**投进城墙。

1916年，英国制造的**Mark I 型坦克**作为**第一批坦克**在**第一次世界大战**的弗莱尔-库尔瑟莱特战役中投入战斗。

多达**12 000头战象**在**莫卧儿皇帝贾汗吉尔**的军队中服役。它们身着**159千克**的铁板装甲，并背负士兵进行作战。

第一次飞机空袭发生在**1911年**，当时一名意大利飞行员在利比亚投下了**4枚大型手榴弹**。

在1813年的巅峰时期，法国皇帝**拿破仑·波拿巴**领导着一支约**100万名士兵**的军队。

第一次世界大战期间，欧洲**西部战线**的交战双方共挖了大约**56 000千米**长的**战壕**，足以环绕地球1.4圈。

第二次世界大战期间，德国**6艘U型潜艇**击沉了**274艘船**。

第一次世界大战期间，在**索姆河战役**发生的短短**1周**内，英法联军发射了大约**1 500 000枚炮弹**。

根据估算，有**3亿士兵**参加了**第二次世界大战**。

科技

必不可少的元素

元素是指仅由一种类型的原子组成的物质。从大气中的气体到手机中的金属，元素构成了整个世界。

1869年，来自俄国的一位教师**德米特里·门捷列夫**发表了他的**元素周期表**，根据元素的共同性质对元素进行了分组。

2019年全球从**矿石**中提炼出**12.78亿吨铁**。

元素周期表中有**118种**元素，其中大约**90种**是在**自然界**中被发现的，其余的都是在实验室中创造出来的。

成年人体内大约有**1千克**的**钙元素**，主要存在于**骨骼和牙齿**中。

镓（jiā）的熔点仅为**29℃**左右，握在手里就会熔化。

铜是大约**10 000年前**人类从矿石中提取到的**第一种金属**。

钨的熔点约为

3 410℃,

是所有金属中**熔点最高的**。

氧气在地球大气层中

约占**21%**。

1937年，**锝**（dé）成为第一个在实验室中**人工制造**出来的元素。

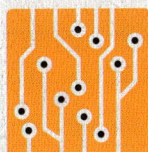

90%在地壳中发现的矿物都含有硅。硅是**电子电路**中常使用的元素。

碳元素可以形成约**1 000万种**不同的**化合物**（化合物是指由2种或更多元素组合而成的物质），比任何其他元素都多。

构成人体的物质大约有**99%**都由这**6种元素**组成——**65%**的氧、**18.5%**的碳、**10%**的氢、**3%**的氮、**1.5%**的钙和**1%**的磷。

另外1%是其他元素。

在室温下，只有**汞和溴**（xiù）这2种元素以**液体形式**存在。

1669年，**亨尼格·布兰德**成为发现**磷元素**的第一人，当时他在煮沸并过滤了**50桶尿液**后得到了磷。

"欢迎陌生人"

（WELCOME STRANGER）是有史以来发现的最大的**纯金块**。它于1869年在澳大利亚被发现，重达**72千克**。

氮气在冷却至约**-196℃**以下时会变成**无色透明的液体**。它常被用作**冷冻剂**来冷冻不同类型的食物，如冰激凌。

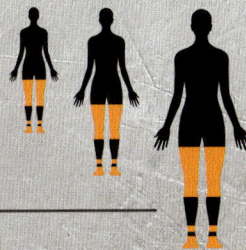

回收1个铝罐节省的能量足够使电视运行**3小时**。

氖（nǎi）是地球上**最稀有的元素**之一。氖气在大气中仅约占**0.001%**。

光和声

光和声音都以波的形式来传播能量。它们可以被折射和反射，并被人体感官所感知。光的传播速度比声音快，而且光可以穿过真空，例如太空。但声音只能在介质中传播。

光从太阳照射**到地球**需要**8分19秒**。

1光年是指光在真空中沿直线经过1年时间的距离，大约是**9.5万亿千米**。

阳光透过空气中的**雨滴**，可以形成彩虹。目前持续时间最长的彩虹是在中国台湾观察到的，持续了**8小时58分钟**。

在真空中，光以约**300 000千米/秒**的速度传播。

声音的强度（响度）以**分贝（dB）**为单位进行测量。**蓝鲸**的叫声可达**188分贝**，比**喷气式飞机**的声音更响亮。

1947年，**查克·叶格**在贝尔X-1火箭飞机上成为**第一个**以超过声速的**1235千米/时**的速度行驶的人。

光的速度在水中会降低到**225 000千米/秒**。

音高以赫兹（Hz）为单位进行测量。**人类听力**的正常范围是**20~20 000赫兹**。

猫可以听到**64 000赫兹**的高音。

极光是在地球大气层中出现的一种彩色的光，最高能出现在**1000千米**的高度。

假设以**4.8千米/时**的速度步行，**1光秒**的距离大约需要走**7年**。

最古老的录音是**1860年**由声波振动测量仪（phonautograph）录制的**20秒**的歌曲《致月光》（Au clair de la lune）。

宇宙大爆炸后不久，宇宙就**变暗**了，并且至少有**1亿年**没有光。这个时期被称为**宇宙黑暗时代**。

大约**10%~35%**的人有**光喷嚏反射**现象，也就是遇到明亮的光线会**打喷嚏**。

生活在开阔海洋中深度**500米**以下的生物约有**90%**是**发光生物**。

声音在密度较大的物质中传播得更快。在**水中**声音以**1500米/秒**的速度进行传播，比在空气中快**4.4倍**。

对于人脑来说，要检测到**回声**，声音与其反射的声音之间的**最短时间**必须是**1/10秒**。

为**家庭供电**的能源中，超过**75%的能源**来自**煤炭、石油**和**天然气**等不可再生燃料。

2015年，**冰岛**通过**73%的水力发电**和**27%的地热发电**实现完全由可再生能源供电。

一支点燃的蜡烛每秒释放的能量相当于**80瓦特**。

通过白炽灯的电能只有**10%被转化为光能**，其余的则作为热能损失掉了。

当**过山车**运行到底部时，你的体重会因为重力而**增加约2倍**。

1升汽油可产生超过**3100万焦耳**的能量。

大约需要**1000万亿个**燃煤发电站才能产生与**太阳**一样多的能量。

热能以卡路里（cal）为单位进行度量。将**1克水**提升**1摄氏度**需要的能量为**1卡路里**。

用于月球任务的**土星5号运载火箭**的发动机，在火箭升空时可以产生**3450万牛顿**的助推力，大约是**商用喷气式飞机**产生的推力的**288倍**。

力以**牛顿（N）**为单位进行度量。你的握力大约有**300牛顿**。

能量和力

能量使万物运转——从燃烧的火焰到火箭发射进入太空。能量的类型有很多种，包括化学能、电能、机械能和热能等。能量从一种类型转变为另一种类型时需要力。力是使物体移动或停止的推力或拉力。

成年人每天需要摄取大约**1.6~2.8千卡**的能量。

食物释放的能量以千卡（kcal）为单位进行测量。**1千卡**等于**4 184焦耳**。

物体相互滑动时产生的**摩擦力**会释放热量。**一级方程式赛车**制动盘产生的摩擦力所释放的热量可以使温度升高到**1 000℃**。

能量的单位是焦耳（J）。**1焦耳**大致等于将一个苹果举高**1米**所需的能量。

融化**1克**冰需要大约**334焦耳**能量。

为了逃离**地球引力**并进入太空，航天器需要达到**逃逸速度**，也就是超过**40 000千米/时**的速度。

重量是物体受**重力**的大小的度量。**重力**在不同的行星上有所不同，如果你在地球上的体重为**50千克**，那么在水星上的体重只有**18.9千克**。

一些**手持烟花的火花温度**可能高达**1600℃**,高于铁的熔点。

1905年,11岁的美国男孩弗兰克·埃珀森将他的**饮料**和搅拌棒留在室外一夜,却**意外地发明了冰棍**。

金星的平均温度是**471℃**,是太阳系中**最热的行星**。

在**俄罗斯雅库茨克**,当温度达到**-45℃**时,**1~5年级**的学生会停课。而年龄较大的学生在温度降至**-50℃**以下时也会停止上学。

在日本地狱谷野猴公园有一群泡下着雪泡**41℃温泉**的猕猴。

人体温度约为**37℃**,仅比**巧克力的熔点**高出5℃。

太阳表面的温度约为**5500℃**,是**太阳核心**温度的**1/2700**。

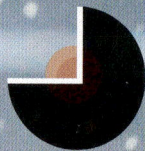

-89.2℃是**1983年**在**南极洲**东方站记录的温度,是地面上测量到的**最冷的温度**。

热和冷的能量

当物体中的粒子运动时，它们就会产生热能。粒子移动得越快，温度就会越高。物体的温度可以衡量其粒子移动速度。

180℃是玉米粒爆裂成**爆米花**的温度。

2012年，瑞士的粒子加速器**大型强子对撞机**内的温度高达**5.5万亿摄氏度**，是人类在地球上创造的**最高温度**，是太阳的**核心温度**的**36万倍**。

温度通常使用这**3个单位**度量：摄氏度（℃）、华氏度（℉）和开尔文（K）。

在寒冷的阿拉斯加冬季，温度会从**−9℃**下降到**−18℃**。在那里生活的**木蛙**为了生存，会将自己**60%**的身体冻住。

0开或**−273.15℃**被称为**绝对零度**，理论上不存在比这更低的温度了。

水在**100℃**时沸腾，在**0℃**时冻结，是地球上唯一一种在**自然温度范围**内存在**3种状态**（固态、液态和气态）的物质。

在最热的日子里，**埃菲尔铁塔**可以长高**15厘米**，因为铁会随着温度升高而**膨胀**。

有史以来最大的**圣代冰激凌**于1988年在加拿大阿尔伯塔省被制作出来，重达**24.91吨**。

1个闪电所产生的电能足以煮沸**50 000杯水**。

1882年，美国发明家**爱德华·约翰逊**手工连接了**80个**红色、蓝色和白色灯泡，创造了**第一个电动圣诞树灯**。

2019年，有**12个国家**至少**25%**的电力来自核能。

100瓦白炽灯的灯丝温度约为**2 540℃**。

丹麦风力发电机制造商维斯塔斯生产的**V164风力涡轮机的80米**长叶片**旋转一次**所产生的电力足以为普通英国家庭供电**29小时**。

将**50瓦**灯泡点亮**20小时**大约需要消耗**1千瓦时**的电力。

电鳗可以产生**800伏**的电来**电击**其他鱼类。

发电

为了让**风力涡轮机**发电，最低风速必须达到**12千米/时**。

1881年，伦敦的**萨沃伊剧院**成为**第一座**使用电灯照明的公共建筑，使用了**1200个**由英国发明家**约瑟夫·斯旺**发明的**白炽灯**。

美国在**2019年**的用电量是**1950年**的**13倍**。

现代世界由电提供动力，电可以转化为热量、光或声音。它可以通过煤、天然气、太阳能、风能和水等不同的能源产生。

节能灯比**60%~80%**的白炽灯消耗更少的电。

全球**440多个核电站**生产了全世界约**10%**的电力。

2020年，**风能**和**太阳能**的发电量占全球发电量的**9.1%**。

2020年，全球所有电力的**35.1%**来自发电站的**煤炭燃烧**。

到2019年还有**7.7亿人无法用电**。

世界上**最高的电塔**之一位于中国浙江省，高达**370米**。

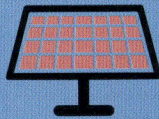

2.5兆瓦的风力涡轮机产生的电力足够为**1400个**家庭供电。

日常材料

我们依靠大量的材料来构建我们的世界。从构成城市天际线，由混凝土、钢铁和玻璃制成的巨型建筑，到棉和丝绸制成的服装，我们每天都在使用各种材料。

塑料吸管通常需要
200年
才能生物降解，而**塑料瓶**甚至需要
450年。

有史以来最耐热的材料是**碳化钽铪合金**，其熔点超过**3 890℃**。

玻璃是通过将**沙子**和其他辅助材料在约**850℃**的温度下**熔化**制成的。

赛璐珞是美国发明家**约翰·韦斯利·海厄特**发明的一种塑料，可以取代**象牙**来制作**台球**。这项发明使约翰获得了**10 000美元**（约合70 000元人民币）的奖金。

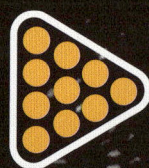

在**欧盟**，大约**76%**的玻璃包装，如罐子和瓶子等都会被**回收**。

天然橡胶来自**橡胶树**。每棵树每年可生产高达**8.5千克**的橡胶。

某些形式的**合成橡胶**可以伸展到原始长度的**100倍**。

回收**25个** 小塑料饮料瓶可以生产出足够制作1件**绒夹克**的纤维。

陶器是将**黏土**在约**1000℃**的温度下烧制而成的。

中国生产了全球约**53%**的**钢**，约是第二大生产国印度的**9倍**。

比利时化学家**里奥·贝克兰**于**1907年**生产出第一种合成塑料酚（fēn）醛（quán）树脂。

1965年，美国化学家斯蒂芬妮·克沃勒克发明了一种名叫凯夫拉的聚合物纤维，其强度是钢的**5倍**，但质量比玻璃纤维还轻。

1个蚕茧可以生产约**900米**的丝线。

石墨烯（xī）仅由碳原子组成，非常轻，其强度是**钢**的**200倍**。

1只绵羊每年长出的羊毛足以生产大约**8件**成人毛衣。

2019年，**钢材**被生产出约**1 869 900 000吨**，它也是最常见的建筑材料之一。

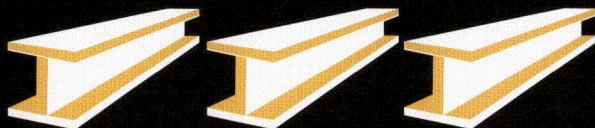

巧妙的发明

人类的好奇心让成千上万的新事物和新材料出现，它们使得生活更加轻松、更加安全。从轮子到灯泡等许多重大发明塑造了我们现在的世界。

英国发明家詹姆斯·戴森在1983年发明出他的第一台**旋风吸尘器**之前，制作了**5 127个**雏形。

美国人**沃尔特·亨特**于**1849年**发明了**安全别针**，并以**400美元**（约合28 000元人民币）的价格出售了他的专利。

美国发明家托马斯·爱迪生在1879年制成的**白炽灯**持续亮了**13.5小时**。

第一个轮子发明于公元前**3500年**左右，主要用于**制作陶器**。直到**300年后**，它们才被用于**运输**。

在19世纪，英国化学家**汉弗里·戴维**发明了**第一盏电灯——弧光灯**。它在**2根木炭棒**之间产生了电弧。

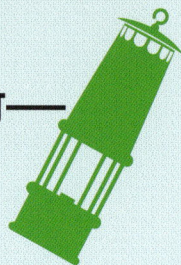

2019年，**欧洲专利局**收到了**181 000项**新发明的专利申请。

锡罐发明于1810年，但第一个开罐器直到**48年**后才被发明出来。

1783年，130 000名观众观看了**第一次热气球飞行**，热气球上有一只羊、一只公鸡和一只鸭子。

自**1938年**圆珠笔被发明以来，已售出超过**1 000亿支**。

第一个**用条形码扫描器扫描**的物品是一包**67美分**的口香糖，这一事件发生于1974年。

1927年，冰箱成为常见的家用电器。

托马斯·爱迪生拥有**1 093项**美国发明专利。

1885年，美国发明家**莎拉·古德**成为第一位获得专利的**黑人女性**。她发明了一张可以折叠成**写字台**来节省空间的**床**。

德国制表师**斯蒂芬·法夫勒**小时候摔断了背，于是在1655年他**22岁**时，制造了**第一辆自行式轮椅**。

第一个**机械闹钟**是由美国人利瓦伊·哈钦斯于**1787年**发明的。然而它不可调节，并且只能在每天早上**4点**响。

美国人**乔治·尼森**在1930年发明了第一张**蹦床**，当时他只有**16岁**。

超级结构

纵观历史，人类建造了无数超级酷的建筑，包括从精妙的金字塔到童话般的城堡再到高耸的摩天大楼。

到20世纪90年代，意大利**比萨斜塔**倾斜到了**5.5度**。人们用一些稳定措施使它的倾斜度降低到**4度**。

中国的**乐山大佛**雕刻在**悬崖面上**，高达**71米**。

迪拜的**哈利法塔**是世界上最高的建筑，高**828.9米**，共有**160多层**。

每年有价值**150万美元**的硬币（约合1050万元人民币）被扔进意大利罗马的**特雷维喷泉**（许愿池）。

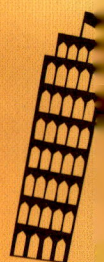

悉尼歌剧院的屋顶由**2194块混凝土件**组成。

在波利尼西亚的**拉帕努伊岛**上有大约**1000座**巨大的石像，这些石像被称为摩艾。

建造**大金字塔**用了**230万**个大石块。

法国巴黎的**埃菲尔铁塔**由**18 000个**铁片和**250万个铆（mǎo）钉**搭建而成。

美国纽约的**自由女神像**高**46米**。其中象征着自由的火炬重达**1 600千克**。

1927年，为了在**拉什莫尔山**上雕刻**4位美国总统**的面孔，有**410 000吨**的**岗岩**被炸毁。

建造**伦敦塔桥**花了**8年**时间。自**1894年**建成以来一直对公众开放。

建成于17世纪的**伊玛目清真寺**（位于伊朗伊斯法罕）使用了大约**1 800万**块砖和**475 000**块瓷砖。

吴哥窟是世界上**最大的庙宇**建筑之一，位于**柬埔寨**的暹粒，占地约**1.6千米²**。

大金字塔是埃及吉萨三大金字塔中**最大**和**最古老**的一座。

80个拱门构成了罗马角斗场的圆形外观。

超过**20 000名工人**花了**22年**的时间在印度阿格拉建造了**泰姬陵**。

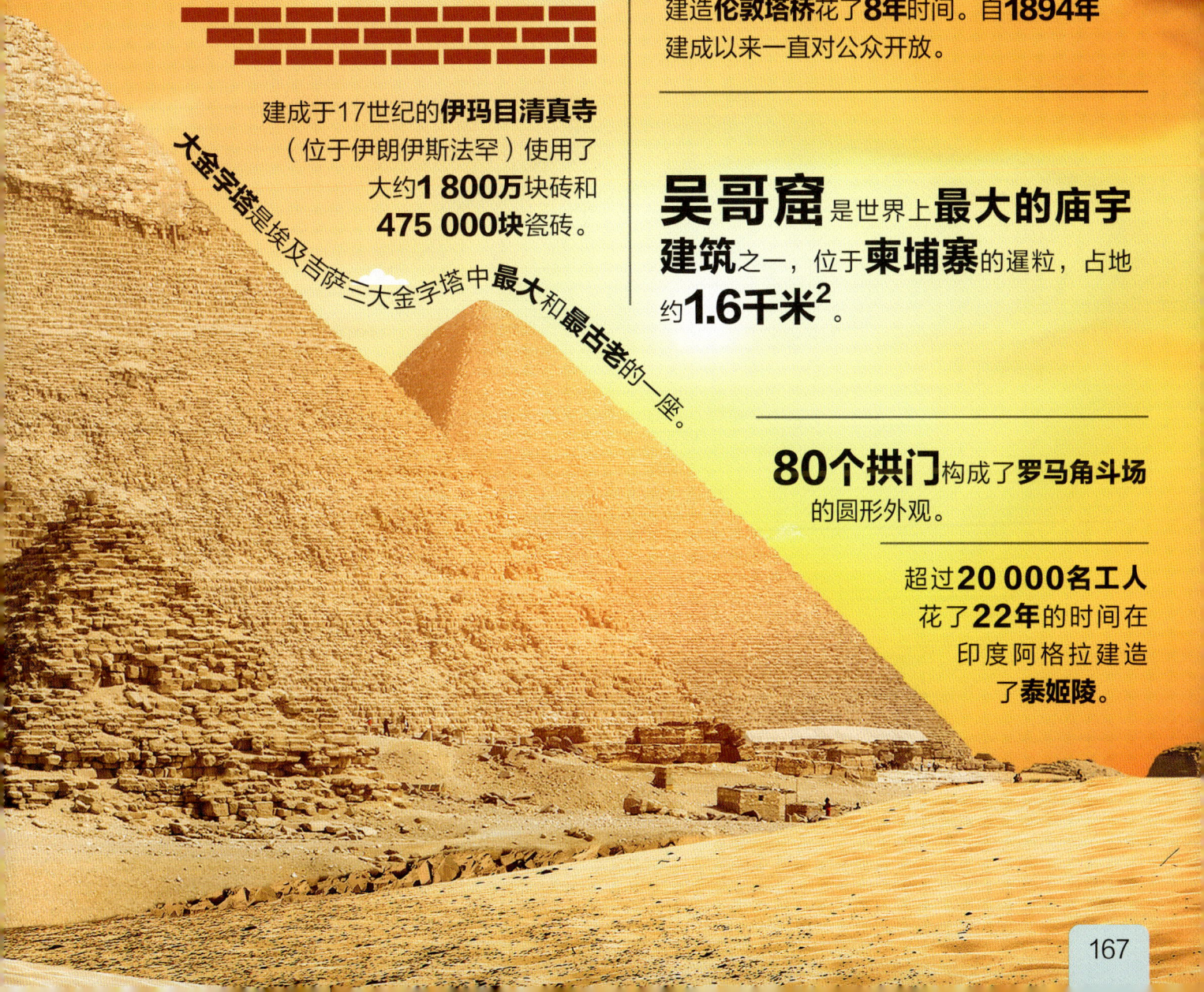

最高的10座桥梁

1 **米约大桥（法国）**
343米
这座2 460米长的桥位于法国塔恩河谷，于2004年开通，将东南部的蒙彼利埃与首都巴黎连接起来。

2 **土耳其1915恰纳卡莱大桥（土耳其）**
334米
这是世界上跨径最大的桥，连接欧亚两洲，把以往乘轮渡过海峡的约1小时时间缩短为6分钟车程。

3 **平塘大桥（中国）**
332米
平塘大桥是世界最高的混凝土桥塔，也是连接贵州南部的交通要道。

4 **沪苏通长江公铁大桥（中国）**
325米
这座桥分为上下两层，上层为高速公路，下层为铁路，是世界上首座主跨超千米的公铁两用斜拉桥。

5 **亚武兹苏丹塞利姆大桥（土耳其）**
322米
这座桥位于博斯普鲁斯海峡之上，连接着伊斯坦布尔的两岸。

6 **俄罗斯岛大桥（俄罗斯）**
270米
这是世界上最长的斜拉桥。它将俄罗斯岛和港口城市符拉迪沃斯托克连接起来。

7 **苏通长江公路大桥（中国）**
265米
这座大桥于2008年开通，将南通和上海之间的旅行时间缩短了3个小时。

8 **明石海峡大桥（日本）**
254米
这座悬索桥具有抵御地震的特殊功能，是世界上最长、最高的悬索桥。

9 **昂船洲大桥（中国）**
247.5米
为选出中国香港昂船洲大桥的最佳方案，在2000年的时候举行了一次国际设计竞赛。

10 **赤石大桥（中国）**
288米
赤石大桥设计为S型，并在桥梁建设领域创下了七项世界第一的纪录。

轮式车辆

从汽车、卡车、公共汽车、摩托车到自行车和电动滑板车，轮式车辆统治着道路。超过20亿的车辆在世界各地的道路上行驶着。

Brompton折叠自行车由

1 200多

不同的部件组成。

最长的加长豪华轿车名叫**美国梦**，长**30.5米**，有**26个**轮子。

一些**山地自行车**有超过**40个**档位。

电动汽车并非一项新发明，在1902年的时候，电动汽车就已经创造了**6项世界陆地速度纪录**。

世界上最大的公共汽车是沃尔沃GranArtic，长**30米**，可搭载

300名乘客。

超轻自行车 **AX-Lightness VIAL evo ultra**仅重**4.4千克**，甚至比一些猫还轻。

在**4匹马**的拉动下，**罗马战车**能以**50千米/时**的速度竞赛。

一些旧式大小轮自行车的大前轮直径可达**1.5米**。

2014年，巴西发生了长达**344千米**的交通堵塞。这是有记录以来全球堵车里程最长的交通堵塞，持续了**十几天**。

本田的超级幼兽（Super Cub）小型摩托车已售出超过**1亿辆**，使其成为世界上**最畅销的机动车**之一。

世界上第一张超速罚单于1896年发给英国公民沃尔特·阿诺德，因为他以**13千米/时**的速度行驶。

2019年，全球生产了约9 178万辆汽车。

丰田卡罗拉是全球最畅销的汽车，自**1966年**推出以来，在**150多个国家**售出约**4 800万辆**。

最长的公路列车长达1 474.3米。它由一辆**迈克泰坦卡车**牵引**113辆**拖车组成。

定制的比赛卡车Shockwave配备了3台喷气发动机，可产生**36 000马力**，最高速度为**605千米/时**。

川崎Ninja H2R是世界上**最快**的符合道路行驶要求的摩托车，创下了在**26秒**内达到**400千米/时**的纪录。

SHOCKWAVE JET TRUCK

171

水上交通

自10 000多年前第一艘独木舟和木筏问世以来，船只已成为人类世界的重要组成部分。今天，成千上万的巨型油轮和数百万艘渔船及休闲船在海洋中航行。

弗朗西斯科号是**世界上最快的渡轮**，它的**最高时速为107.6千米/时**，可搭载多达**150辆**汽车和**1024名**乘客。

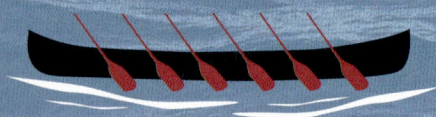

斐济人建造的**早期战斗独木舟**长约**30米**，可容纳约

200名战士。

已知的**最古老的船**是一艘**3米长**的佩斯独木舟，已有**10 000多年**的历史。

风帆火箭2号是世界上**最快的帆船**，最高时速为**121.2千米/时**。

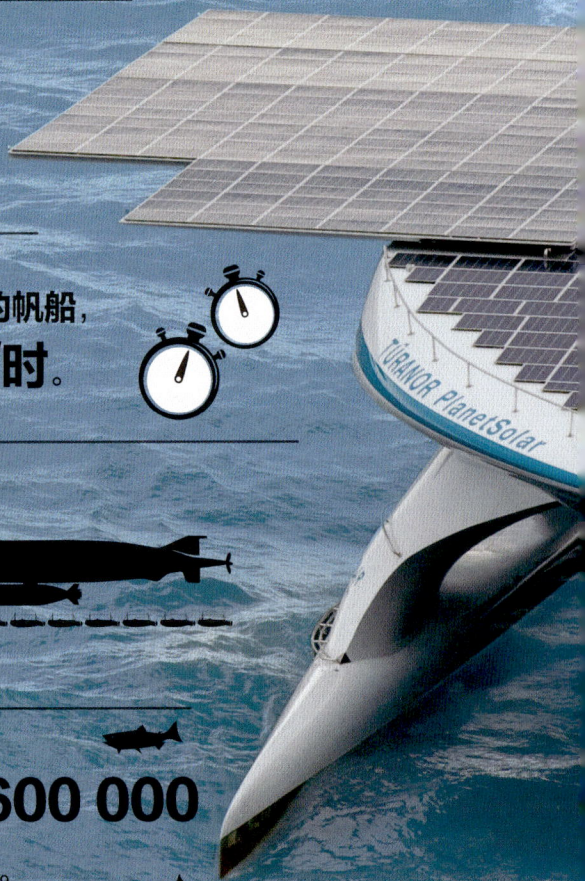

世界上**最长的潜艇**别尔哥罗德号核潜艇比**第一艘现代潜艇**霍兰号潜艇长约**11倍**。

瑞典战舰瓦萨号于1628年下水。它在起航**20分钟**后沉没，但其残骸在**333年**后才被发现。

全世界约有**4 600 000艘船**用于捕鱼。

1969年至2004年间，伊丽莎白女王2号邮轮横渡大西洋的次数达到创纪录的**806次**。

世界上**最大的游轮**海洋交响乐号长362米，可搭载多达**6 680名乘客**和**2 200名**船员。

F1摩托艇可以在4秒内从**0**加速到**160千米/时**。

乔治·华盛顿号航空母舰重达**88 000**吨,可容纳多达**90**架飞机。

日本二战战列舰**大和号**装备了9门巨型火炮,可以向**42千米**外的目标开火。

400米长的"长范"轮可装载23 992个集装箱。每个集装箱可容纳约**60台**冰箱或**48 000**根香蕉。

有史以来**最长**的船是**458.45米**长的海上巨人号**超巨型原油船**。

图兰星球太阳号由**537米²**的太阳能电池板供电。

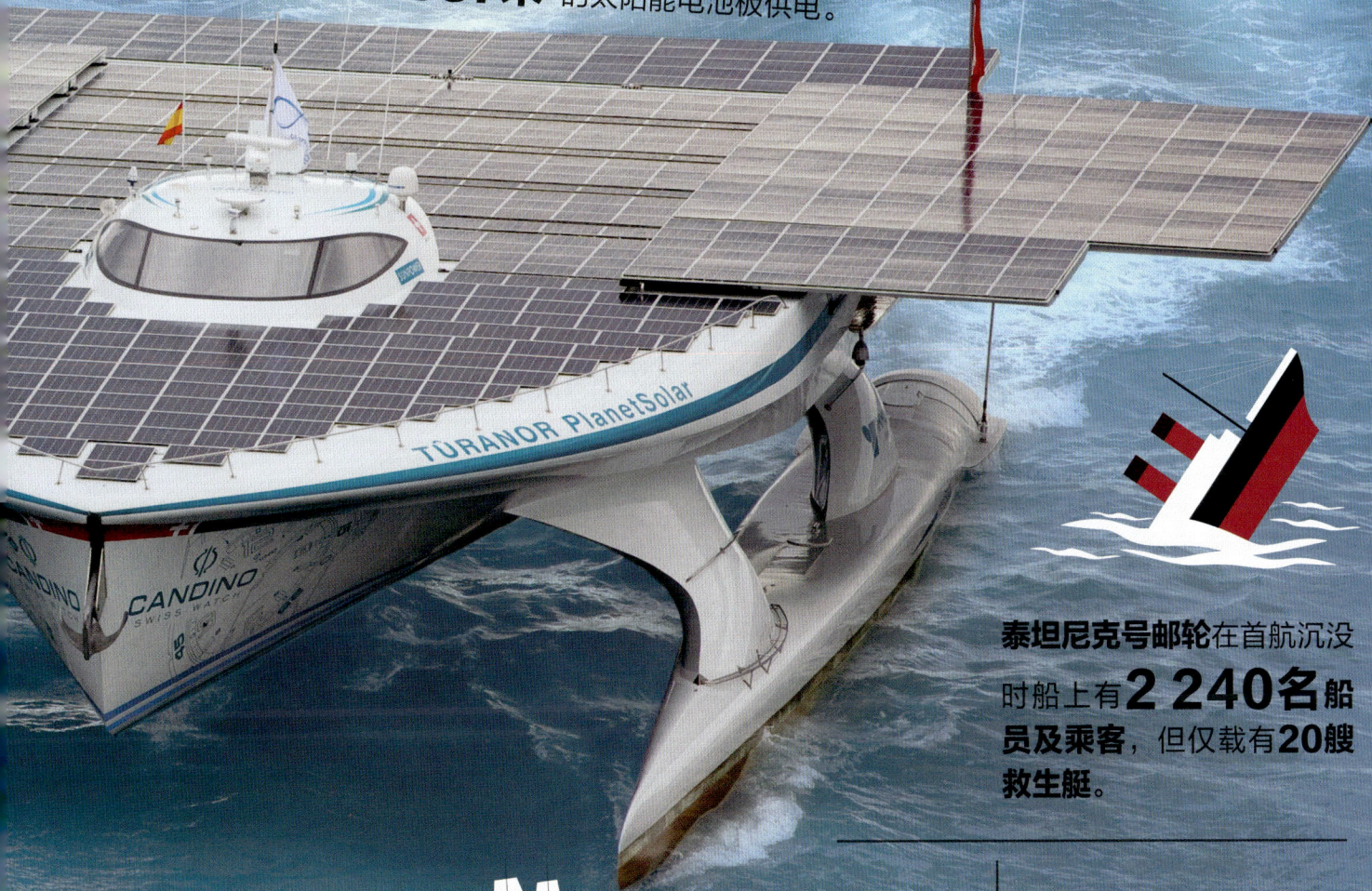

泰坦尼克号邮轮在首航沉没时船上有**2 240名**船员及乘客,但仅载有**20艘**救生艇。

俄罗斯Zubr级气垫登陆艇长**57米**,宽**22.3米**,是有史以来**最大**的气垫船,可以携带多达**500名**士兵。

1768年,英国探险家詹姆斯·库克乘坐30米长的奋进号进行了一次著名的**48 000千米**的环球旅行。

1978年,澳大利亚人肯·沃比在他家后院建造的木制快艇"澳大利亚精神号"创造了**511.11千米/时**的世界水上最快速度纪录。

现存**最古老的蒸汽机车**是普芬比利蒸汽火车（于1814年完工），运送了**48年**煤炭。

世界上**第一条地铁**于1863年开通，38 000名乘客乘坐木制车厢穿过伦敦。

印度泰米尔纳德邦的**尼尔吉利铁路列车**仅以**10千米/时**的速度行驶，需要**5个小时**才能行驶完陡峭的上坡路线。

纽约中央火车站拥有**44个**火车站台，是世界上拥有最多站台的火车站。

中国青海的**唐古拉站**海拔**5 068米**，是世界上**海拔最高**的火车站。

有史以来**最长**的火车由**682节车厢**组成。

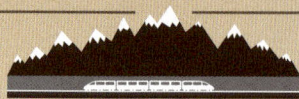

瑞士阿尔卑斯山下的**圣哥达基础隧道**长**57.1千米**，是世界上**最长的铁路隧道**。

1869年，联合太平洋铁路119号蒸汽机车运送铁路公司副总裁托马斯·杜兰特参加**金色道钉仪式**，庆祝美国**横贯大陆铁路**的完工。

西伯利亚快车全程9 289千米，穿越8个时区。

中国重庆轨道交通**2号线**穿过一栋**19层楼**的**6层、7层和8层**。

了不起的火车

无论是地上还是地下，火车和铁轨每天承载了数百万人的行程。早在汽车和飞机出现之前，火车就开始连接世界。如今，火车承载了40%的陆路运输。

世界上最长的直线铁路轨道全长**478千米**，横跨澳大利亚的纳拉伯平原。

1825年，英国二人组乔治·斯蒂芬森和罗伯特·斯蒂芬森建造了**第一条公共铁路**，全长**43千米**。

磁悬浮列车的**最高速度**是**603千米/时**，这是**2015年**在日本创下的纪录。

1934年，飞天苏格兰人号成为第一台速度超过**160千米/时**的蒸汽机车。

25 000伏特的电力通过架空线路为**法国TGV高速列车**提供动力。

长**1366米**的印度戈勒克布尔火车站拥有世界上**最长的铁路站台**。

乌克兰基辅的阿森纳地铁站是世界上**最深的车站**，深入地下**105.5米**。

美国有**293 564千米**的铁路轨道。

最短的航班旅程仅有**90秒**，在苏格兰韦斯特雷岛和帕帕韦斯特雷岛之间飞行**2.7千米**。

每架阿联酋航空公司的A380客机上都有**2间淋浴套房**。

最长的直飞商业航班的距离是**21 601.7千米**，从香港向东飞往伦敦。

空中客车A380是**世界上最大的客机**，其双层机舱最多可容纳**853名**乘客。

红箭飞行表演队（英国皇家空军特技飞行队）的飞行员驾驶的喷气式飞机彼此仅相距1.2米。

兴登堡号飞艇是有史以来**最大的飞艇**，长**245米**。其最宽的地方和一座**13层**建筑的高度一样。

制造波音747-8客机需要**6 000 000个**零件。

1999年，一架米-26直升机将冰冻在一个**24吨**重的冰块中的有**23 000年**历史的**猛犸**从西伯利亚苔原运送到西伯利亚的一个实验室。

1783年，法国巴黎的蒙戈尔费埃兄弟发明的**热气球**实现了第一次载人飞行。

有史以来**最大的直升机**是俄罗斯**米-26直升机**，旋翼长**32米**。

1930年，护士兼飞行员**艾伦·丘奇**成为**第一位女性空中乘务员**，她搭乘波音航空的航班从加利福尼亚州飞往伊利诺伊州。

乘坐飞机

自1903年首次动力飞行以来，航空旅行迅速发展。从环游世界的客机到隐形军用战斗机，我们依靠飞机快速到达目的地。

第一次动力飞行持续了**12秒**。它是由美国莱特兄弟于**1903年**实现的，飞行全程 **36.6米**。

2016年，**阳光动力2号太阳能飞机**成为第一架**不使用任何液体燃料**环游世界的飞机。它由**17 248个**光伏电池供电。

2019年**世界上最繁忙的机场**是美国哈兹菲尔德-杰克逊亚特兰大国际机场，共接待了**110 500 000名**乘客。

BEDE BD-5J是世界上**最小的喷气式飞机**，仅长 **3.88米**，重**162.38千克**。

用于空中消防的 **DC-10"空中水箱"**飞机可以在短短**8秒**内洒下**35 000升**水。

最快的10架飞机

X-15A-2（1959年首飞）
最高时速7 274千米/时，长15.2米

这架美国火箭动力飞机不仅是有史以来最快的飞机，也是飞行高度最高的飞机。1963年，它到达了地表上方107.8千米的太空边缘。

1

2 洛克希德SR-71黑鸟（1964年首飞）
最高时速3 529.6千米/时·长32.7米
黑鸟是美国为冷战期间执行侦察任务设计的间谍飞机，也是最快的喷气动力飞机。

3 米格-25战斗机（1964年首飞）
最高时速3 395千米/时·长23.8米
苏联的米格-25战斗机是最快的战斗机，它有两个发动机，每个发动机能够产生11 200千克的助推力。

4 贝尔X-2（1955年首飞）
最高时速3 370千米/时·长11.5米
贝尔X-2是一架美国试验飞机，用于研究极高速度对飞机的影响。

5 洛克希德YF-12（1963年首飞）
最高时速3 331.5千米/时·长31米
美国拦截机原型洛克希德YF-12截击飞机使用了远程雷达和红外传感器。

6 XB-70A瓦尔基里式轰炸机（1964年首飞）
最高时速3 308.8千米/时·长56.4米
美国设计的纤细且有长鼻子的瓦尔基里式轰炸机可在超过21 000千米的高空高速飞行数千千米。

7 米格-31战斗机（1975年首飞）
最高时速3 017千米/时·长度22.7米
米格-31战斗机用于在比米格-25战斗机更低的高度飞行，至今仍在俄罗斯空军服役。目前已经生产了500多架。

8 F-15战斗机（1972年首飞）
最高时速3 000千米/时·长度19.4米
F-15战斗机是全天候重型战斗机，并且从未在空对空战斗中被击败过，共取得了101场胜利。

9 F-111战斗轰炸机（1964年首飞）
最高时速2 655千米/时·长22.4米
F-111战斗轰炸机由美国设计开发，强大的涡轮风扇发动机能将23 300千克重的机身抬离地面。

10 苏-27战斗机（1977年首飞）
最高时速2 500千米/时·长21米
由坚韧的钛和铝合金制成的苏-27战斗机可以实现自主作战。

迈向数字化

直到20世纪70年代，家用计算机才被发明出来。直到21世纪，人们才拥有智能手机。数字化技术的发展越来越迅速。将电子电路缩小到微小的硅芯片上引发了一场数字革命，每天数十亿部手机、计算机、平板电脑和智能机器被人们使用着。

1843年，**28岁**的阿达·洛芙莱斯通过为数学家查尔斯·巴贝奇的计算机编写分步说明，成为世界上**第一位程序员。**

现今的**大众汽车（Volkswagen）**由超过**1亿行代码**组成的计算机程序控制。

ENIAC是一款早期的**可编程**数字计算机，重达**27吨**，挤满了一个长**15米**、宽**9米**的房间。

日本任天堂公司的骨干横井军平于1989年设计了便携式游戏机**GAME BOY**。GAME BOY的影响力巨大，在全球售出约**1.187亿**台。

第一台**个人计算机**IBM5150有**16KB**内存，现代**32GB**智能手机的内存容量是其**2 000 000倍**。

每年有超过**5 000万吨**的旧计算机和其他电器被扔掉。只有**五分之一**的**电子废物**最终被回收利用。

现代计算机包含**1亿个**被称为晶体管的微小零件，每个仅**1毫米^2**。

阿波罗11号登月舱上的计算机有**4KB**主存和**72KB**内存，还不如现代**手机充电器**强大。

2022年，美国橡树岭国家实验室超级计算机**Frontier**成为世界上公开的**第一台百亿亿级超级计算机。**

2021年，全球**互联网用户**约为**49亿**，约占世界人口的**63%**。

第一台超级计算机**CRAY-1**建于**1976年**，宽**2.6米**，包含**96千米**的电线。

许多数字设备需使用由大约**30颗卫星**构成的**全球定位系统（GPS）**来精确定位它们在地球上的位置。

摩托罗拉公司的**DynaTAC 8000X**是世界上**第一台手机**，在1984年以**3995美元**（当时约合9200元人民币）的价格出售。这款手机充电**10个小时**仅能维持**30分钟**的通话时间。

2019年，全球销售了**1400万台虚拟现实（VR）**和增强现实（AR）设备。

瑞典人**马库斯·泊松**只花了**6天**时间就创造了电脑游戏**《我的世界》**（Minecraft）的**第一个版本**。

到2020年，谷歌应用商店中共有**287万个软件**，苹果应用商店中则有**196万个**。

2020年全球销售了约**15.71亿台**全新**智能手机**。

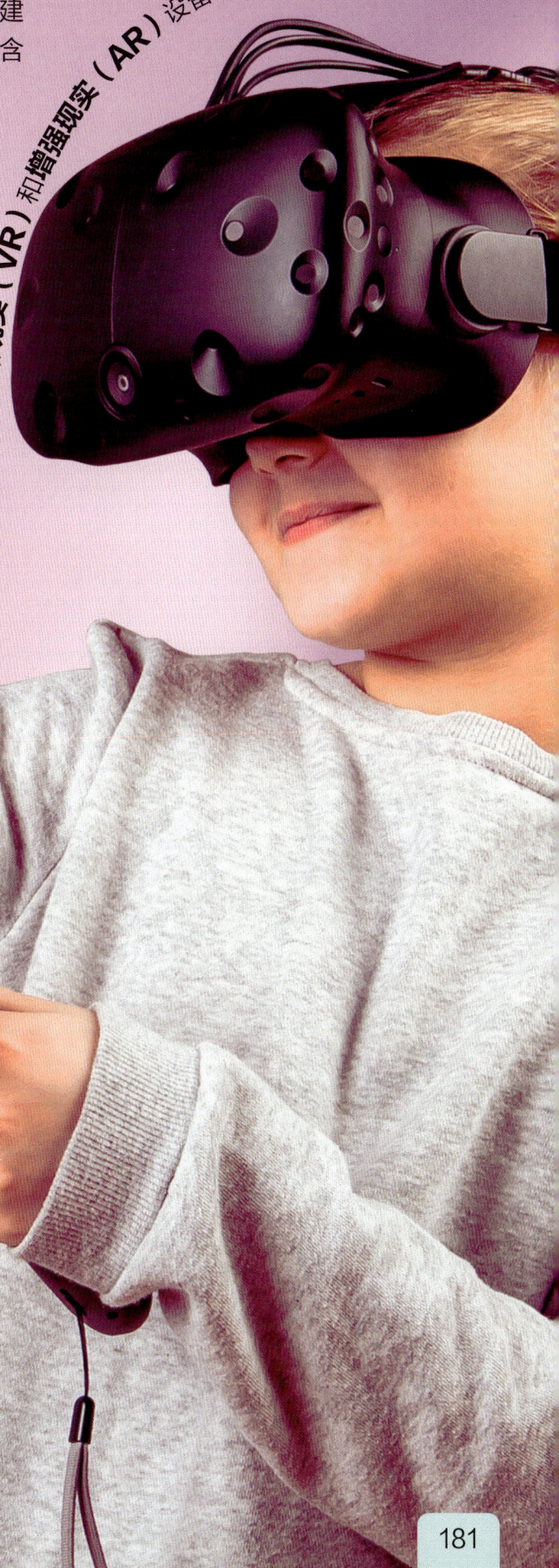

药剂机器人每天可分配**超过6 000剂**药物，节省了药剂师**90%**的时间。

截至2023年初，达芬奇手术机器人已经在全球范围内进行了**超过1 000万例手术。**

在**196天**的旅行结束后，Saildrone成为**第一个**完成环南极旅行的**自主机器人**。

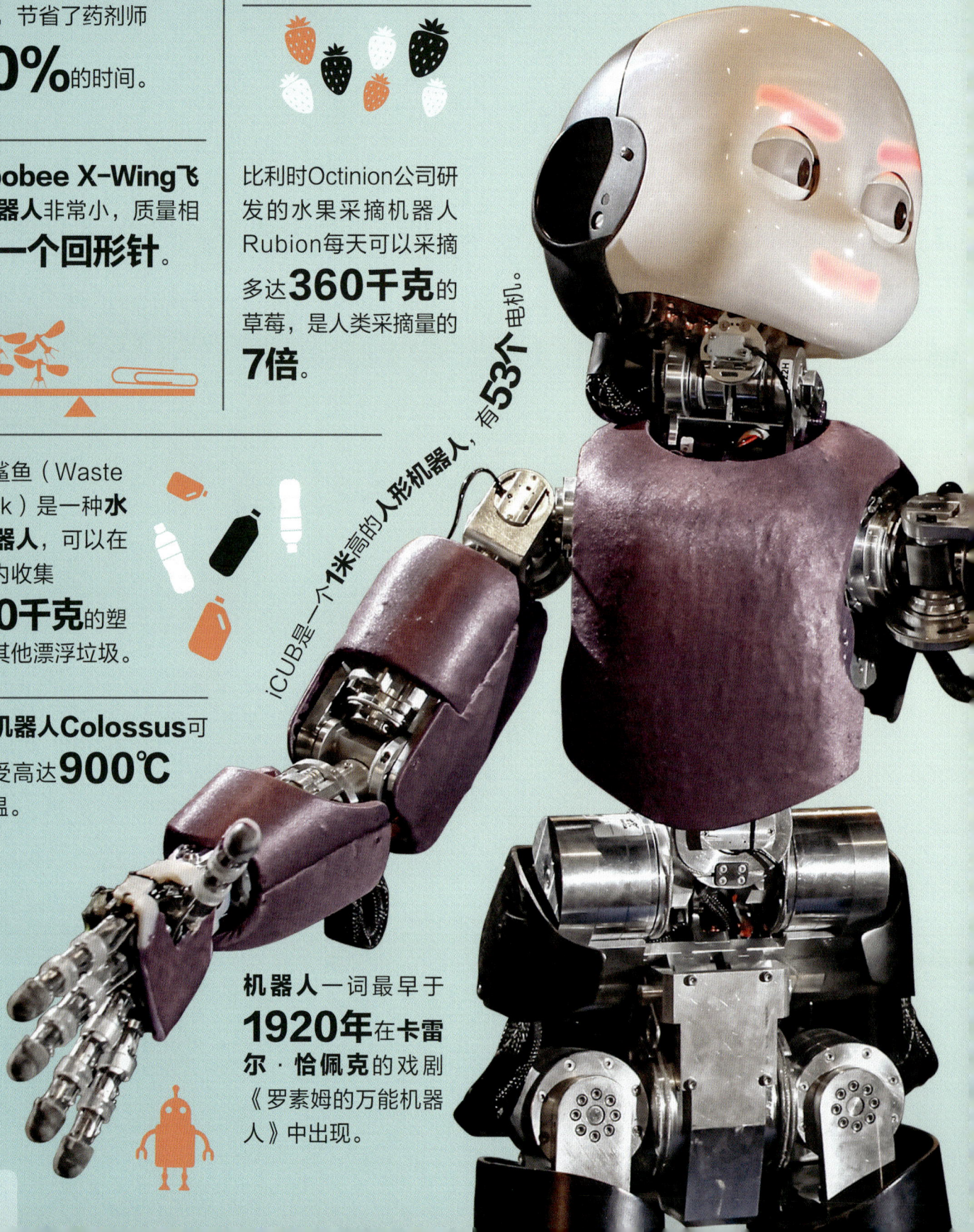

Robobee X-Wing飞行机器人非常小，质量相当于**一个回形针。**

比利时Octinion公司研发的水果采摘机器人Rubion每天可以采摘多达**360千克**的草莓，是人类采摘量的**7倍。**

iCUB是一个**1米**高的人形机器人，有**53个**电机。

垃圾鲨鱼（Waste Shark）是一种**水上机器人**，可以在一天内收集**500千克**的塑料和其他漂浮垃圾。

消防机器人Colossus可以承受高达**900℃**的高温。

机器人一词最早于**1920年**在**卡雷尔·恰佩克**的戏剧《罗素姆的万能机器人》中出现。

多功能机器人

2018年，太阳能无人机Zephyr S不间断飞行，以**25天23小时57分钟**创下了在地球大气层中持续飞行时间最长的纪录。

机器人是聪明的机器，可以移动、感知，有时甚至可以自己思考。它们有着人类梦寐以求的力量和准确度。今天，数以百万计的机器人在工业车间、实验室甚至家庭中工作。

2019年，丰田公司的**Cue3机器人**创下了连续投篮命中**2 020次**的纪录。

2009年，Scarlet Knight成为第一个穿越大西洋的**水下机器人**，在**221天**内行驶了**7 400千米**。

柔性人形机器人通常具有**至少30个**可以自由移动或部分移动的关节。本田公司的阿西莫机器人有**57个关节**，而汉森机器人公司的索菲亚有**74个关节**。

Serbo公司的Gekko机器人可以在一天内清洁多达**8 000米^2**的玻璃窗，相当于约**16个篮球场**的大小。

发那科公司重负载搬运机器人M-2000iA/2300拥有世界上**最强的机械臂**，可以举起重达**2 300千克**的物体。

在日本，有**1 300多个**名为PARO的软软的**海豹机器人**来对人类进行**宠物疗法**。

ABB公司的IRB6640机器人可以在短短**90秒**内焊接**4 000多次**，完成汽车**车身**的制作。

词汇表

DNA（脱氧核糖核酸）
细胞中关于生物如何工作的指令。

拜占庭帝国
公元330年由罗马帝国的东半部形成的一个帝国，后来扩张到更多地区。

堡垒
要塞或防御建筑。

病毒
一种能够通过感染生物细胞来繁殖的微生物。

哺乳动物
一种有脊椎的温血动物，通过产奶来喂养幼崽。

超新星
一颗大恒星被破坏和发生爆炸后产生的物质，并在太空内散布。

赤道
环绕行星中间的一条虚拟线，通常位于南极和北极的中间。

雏形
产品或机器的第一个版本或示例，通常用于发明测试。

大气层
环绕行星的气体层，由行星的引力固定在适当的位置。

地外生命
存在于地球以外的生命体。

灯丝
白炽灯泡中的细金属丝，当电流通过它时会发光。

电池
一个储存着化学品的容器，当连接到电路时可以供电。

电路
电流可以流动的路径。

冬眠
在休息状态下度过冬天或一个寒冷的时期，有点儿像深度睡眠。

毒素
由某些生物产生的有毒物质。

毒液
一种由生物（如毒蛇）分泌的毒素。

独立
摆脱另一个人或国家控制的行为。
一个独立的国家由自己的政府统治。

吨
质量的测量单位之一，等于1 000千克。

法老
古埃及的统治者。

分子
由一组原子结合在一起的整体，如水分子（由氢原子和氧原子组成）。

浮游植物
漂在海洋表层，利用光合作用制造食物的微小单细胞生物。

光合作用
植物从水、空气和阳光中获取营养的过程。

光年
光在宇宙真空中沿直线传播一年时间所走过的距离，大约为9.4万亿千米。

轨道
一个物体围绕另一个更大质量物体运行的路径。

海拔
物体高于海平面的垂直距离。

海啸
由地壳运动（如地震）引起的海上巨浪。

黑洞
恒星坍缩后的残骸。黑洞具有能吸入周围物体的强大引力。

互联网
一个允许进行通信和发送信息的全球计算机网络。

化石
埋藏在岩石中数千年甚至数百万年的动植物遗骸或遗迹。

回收
将废弃物转化为有用的新材料和物体的过程。

货币
在某个国家或地区使用的货币系统，如硬币。

激光器
一种发射窄带、集中的单色光束的装置。

加速
指物体的速度变快。

间歇泉
偶尔向空气中喷射出一根高大水柱和蒸汽的温泉。

进化
生物变化的长期过程，通常发生在数百万年间。

蝌蚪
未完全发育、幼年阶段的青蛙或蟾蜍。

可再生能源
指永不枯竭的资源。可再生能源包括风能和太阳能等。

矿石
含有用组分或可以被利用的矿物集合体，分金属矿物和非金属矿物。

矿物质
天然存在于地球中的固体物质，包含单个元素或不同元素的混合物。

力
使物体发生移动的推力或拉力。

联合国
政府间的国际组织，其任务是维护国际和平与安全，并为全世界的弱势群体提供帮助。

猎物
被另一种生物猎杀为食物的生物。

麦加
沙特阿拉伯的一个城市，被认为是伊斯兰教中最神圣的城市，穆斯林每年都会到这里朝觐。

密度
特定体积内包含的物质量。

灭绝
指一个物种全部消失（死亡）。

摩擦力
当两个物体相互摩擦而产生的使物体减速的力。

木乃伊
一种保存尸体以防止其腐烂的过程。

纳米
长度单位，等于十亿分之一米。

牛顿（N）
衡量力的大小的国际单位，1牛顿力约等于0.1千克力。

炮弹
一种弹药，通常利用火炮发射，种类丰富。

栖息地
某种动物生活的自然环境。

气候
一个地区在很长一段时间内经历的一般天气状况。

器官
由许多细胞组成，负责一定功能的身体部位，比如胃。

迁徙
生物为了寻找食物或到达繁殖地而进行的长途旅行，通常是季节性的。

侵蚀
通常指岩石被自然力（例如流水）磨损的现象。

全球定位系统
一种导航系统，用一系列轨道卫星确定地球上物体的准确位置。

熔点
固体可以熔化并成为液体的温度。

熔岩
来自地球深处的炽热熔融岩石，从火山或其他喷口喷发到地表。

软骨
一种柔软的组织，可构成鲨鱼等一些生物的骨骼。

软体动物
一种身体柔软且通常有壳的动物，如蜗牛、蛤蜊和章鱼。

蛇颈龙
一种史前水生爬行动物，有四个鳍脚、一条短尾巴和一个长脖子。

神经
由神经细胞形成的一束纤维，这些神经细胞在体内传递信号。

食腐动物
一种以其他动物死后的尸体为食的动物。

视网膜
眼睛后部的一层光敏细胞。

苏丹
通常指在伊斯兰教历史上一个类似总督的官职。

苏联
苏维埃社会主义共和国联盟，简称苏联，是存在于1922—1991年的联邦制社会主义国家。

太空行走
航天员在航天器外进行的活动，通常是为了修理或维护设备。

太阳能电池板
将太阳能转化为电能的设备。

太阳系
由行星、卫星、矮行星、小行星、尘埃和其他围绕太阳运行的天体组成的天体系统。

体积
物质或物体占用的空间量。

条约
由国家或国际组织之间签订的正式协议，一般是为了结束冲突。

退位
正式放弃权力并将其交给别人，例如君主从一个国家的王位上退下。

网络
两台或多台计算机之间的连接，使它们能够相互通信。

微生物
无法用肉眼观察的微小生物，如细菌、病毒、真菌等。

围攻
通过包围一个地方并切断其获得基本物资的方式，从而进行有计划的攻击和占领。

纬度
表示某物的位置在赤道以北或以南有多远。

物种
一群可以交配并繁衍后代的生物群体。

细胞
一个微小的生命体单位。细胞是所有生物的基石。

细菌
一种单细胞生命形式。细菌是数量最多的生物之一。

腺体
动物体内产生和释放唾液、汗液等物质的组织。

星系
数百万甚至数十亿星球依靠引力而束缚在一起的运行系统。

翼龙
一种会飞的史前爬行动物。

引进
从外地或外国将某种货物或服务引入。

引力
物体之间相互吸引的力，使宇宙中的星体能够在轨道上运行，还能避免地球上的物体漂浮到太空中。

鱼龙
一种类似于海豚的史前海洋爬行动物。

鱼群
一大群一起游泳的鱼。

宇宙大爆炸
一种宇宙是如何在138亿年前左右由一个点而爆炸形成的理论。

雨林
植被茂密且降雨量大的森林。

元素
仅由一种类型的原子组成的物质。

原生动物
一种比细菌更大的单细胞生物，通常以其他微生物为食。

原住民
在任何其他居民到来前就已经生活在这一地区的族群。

原子
化学元素中可以独立存在的最小粒子。

兆字节（MB）
计算机内存或容量的度量，等于100万字节（内存的标准单位）。

真菌
一类以腐烂物质为食，并通过形成称为孢子的微小细胞来繁殖的生物，如蘑菇。

蒸发
液体改变状态成为气体的过程。

蒸汽机车
由蒸汽机驱动的火车，以前通常用于在铁路上载客或运货。

直径
通过物体或形状（特别是圆形和球形）中心到边上两点的距离。

质量
一个物体所包含的物质的量。

周长
图形一周的长度。

洲
一块大陆和附近岛屿的总称。地球上有7个洲。

助推力
驱动动力飞机或火箭前进的力，通常由发动机产生。

致谢

DK在此感谢：

Elizabeth Wise（索引）；Hazel Beynon（校对）；Hazel Beynon, Michelle Crane 和Jenny Sich（补充编辑）；Sahrish Hadia（真实性审查）；Heather Wilcox（美国版文字编辑）；Steve Crozier（修版）；Simon Mumford（制图和3D设计）；Sarah Hopper（图片搜索）；Giles Sparrow（太空章节审查）；John Farndon（地球章节审查）；Richard Dearden（自然章节审查）；Philip Parker（历史章节审查）；Emily Wren和Rodger Bridgman（科技章节审查）；Flora Spens（真实性补充审查）。

图片来源